姜龍昭著

五幕舞台劇

楊貴妃之迷

文史哲出版社印行

楊貴妃之謎　目次

——五幕舞台劇——

賈序
——話說「楊貴妃之謎」的呈現

賈亦棣

一九六四年我自香港回台之後，第一個結識的友人便是姜龍昭先生。他是劇作家，其時正在台視公司任職，並從事電視劇本的寫作。我們有共同的愛好，因此時相過從，記得有一天，他拿了一疊電視劇稿本到書局，要求出版該書「電視綺夢」，我一看便覺新奇，因那時台灣電視事業興起不久，寫作電視劇本的人，可說絕無僅有，是我說服了書局同人，接受了這本「電視綺夢」劇集的出版，同時也爲這本書的發行，寫了序言，這本書便成了我國出版界第二本印行電視劇本的開始。（第一本「六六五四號啞巴」也是姜的作品）

以後他寫作不輟，舉凡話劇劇本，電影劇本，廣播劇本，無不涉獵，且連連得獎，譽滿劇壇，成爲著名的劇作家。

一九七五年，承他不棄，將我寫作出版的舞台劇「香妃」，改編製作爲電視連續劇，邀請王方曙、鍾雷、朱順官與我四人編劇，由張琍敏飾演香妃，吳風飾演乾隆帝，在中國電視台播演，從一九七五年十二月演出，至次年二月爲止，其演出五十二集，造成當時轟動局面，也由此引起他對香妃的深入研究，考證「香妃即容妃」的訛傳，經過他十餘年的苦心追究，并親至新疆喀什實地探訪香妃墓，先後寫有「香妃考證研究」正、續集兩册，公布確證香妃的存在，而香妃與容妃實爲兩人，此項考證，已獲得大陸上香妃學者專家于善浦先生的肯定與認同，他亦因此獲得「香妃考證專家」的榮譽。

接著他又對四大美女楊貴妃的一生，發生研究興趣，經十一、二年博覽群書鑽研心得，近著寫了「楊貴妃考證研究」一書出版，除翻閱新舊唐史，歷代傳記小說以及詩詞文學作品之外，又因十年前，有人發現日本有楊貴妃墓，他不辭辛勞，專誠前往日本一行，終于在日本山口縣油谷町看到有一座五人合葬之墳墓，日人稱爲「五輪塔」，地近唐渡口，也就是楊貴妃當年偕同四名宮女逃亡日本，因病客死異國之地，四名宮女，應爲殉葬，故五石塔中有一石塔較高，其餘四石塔較小的遺蹟，從種種跡象顯示，可以明確肯定楊貴妃是死在日本。

唐代詩人白樂天的長恨歌中有「馬嵬坡下泥土中，不見玉顏空死處」之詩句，又云：「忽聞海上有仙山，山在虛無縹緲間……其中綽約多仙子，中有一人字太貞」，似乎詩中也已經透露了一些謎團。所以楊貴妃死在日本，確有許多遺蹟可考可信。

龍昭兄爲資深劇作家，數十年來，寫作劇本百部以上，他爲流傳此項考證，特進而編寫這本「楊貴妃之謎」舞台劇本，以戲劇方式闡明貴妃之死，還原歷史眞象，以免後世之人臆測紛紜，其用心，確實可敬可佩。

我適因「出席今年華人作家會議」自美回台，有機會先拜讀原稿，先睹爲快，又再爲龍昭兄此劇出版寫序，前後相距已四十年，亦是人生一大快事。

二〇〇三年四月于台北，時年八十八歲

楊序　揭開楊貴妃潛渡日本之謎

——姜龍昭先生著《楊貴妃考證研究》的卓越貢獻

楊　濤

(一)

中國歷史上四大美人之一的楊貴妃，是最爲家喻戶曉、婦孺皆知的人物，有關她的史籍資料之外，文學作品中詩詞歌賦、小說、傳記也不一而足，尤其是流傳最廣、影響最深的，莫過於戲曲賡續不斷的傳播，使楊貴妃的美麗形象及香艷的故事情節，早就深植人心、有口皆碑了。

筆者曾於民國八十五年到陝西旅遊，憑弔當年楊貴妃被縊之處的馬嵬坡。古老傳說楊貴妃的墳土，用水調和敷面，可以美容，如今的墳墓已變成水泥磚砌成，根本看不到泥土，墓前樹立新舊兩塊石碑，庭中塑有高大的貴妃像一座，高處有角亭，可俯覽全貌，整座墓園是在黃土坡上，庭內四周迴廊內，鑲嵌著數以百計古今騷人墨客題詠的詩文石刻，琳瑯滿目。其中較能引發同感的是清代趙長齡的一首七言絕句，替楊貴妃抱屈謂：

　　不信曲江信祿山，漁陽鼙鼓震秦川；
　　禍福自是君王起，傾國何須怨玉環。

返台後，我曾以「西風故道馬嵬坡」爲題，在「台灣新聞報」發表過一篇短文，其中除了親眼所見事物之外，至於貴妃的遭遇情節，限於以前所讀到的有關史料詩文，乃人云亦云而已，並無創見，尤其是關於貴妃是否？並未死在馬嵬坡？以及她的下落如何？更是傳說不一，事隔一千多年，一直是一項未解之謎。

及至近日有幸讀到姜龍昭先生新著「楊貴妃考證研究」一書，才恍然明白這一項撲朔迷離的歷史懸案的眞相。

姜先生不僅是一位資深的劇作家，著作等身，而且是一位傑出而執著的考證家，他爲了考證楊貴妃的懸案，不僅多方蒐集有關的史書、小說、傳述、報導等資料，潛心研究，以「打破砂鍋問到底」的精神，旁徵博引，追求事實眞相，然而馬嵬坡事件，迄今已經一千二百餘年，不惟年代久遠，相關的史籍資料記述紛歧，加上文學作品的穿鑿附會，誇張渲染，令人莫衷一是，很難釐清事件的眞實情況，正如姜先生在「楊」著中所說：

「任何故事的文學發展，到戲劇便完全成熟，……然而一到戲劇階段，離開歷史事實，便十萬八千里了。」

不過他並未因此而躊躇不前，經過多時鍥而不捨的埋首鑽研，參考六十多種相關的著作資料，細心加以比對印證、篩檢眞相，更難得的是：他爲了查證楊貴妃究竟是否眞正潛逃去了日本？不辭辛勞，專程遠去日本，實地探訪山口縣油谷町的貴妃墓，獲得重大收穫，回國後立即動筆著述，完成了這本「楊貴妃考證研究」，應該說是劃時代的珍貴文獻，揭穿了千年以來一連串的歷史謎團。

一則指出楊貴妃早年雖入「壽王宮」，並未册封爲壽王妃，所謂：「唐明皇爲壽王册封楊玉環爲妃的詔令文」，乃是出自宋代宋敏求的杜撰，替唐明皇洗脫了「公公扒灰」的惡名。（壽王宮原名「十六王宅」爲唐明皇太子們的住處，非僅住壽王一人。）

二則考證出楊貴妃確未葬身馬嵬坡，而逃亡到日本病故在山口縣的油谷町。

他這種考證精神，使我聯想起數年前，爲了考證乾隆年間香妃與容妃是否爲同一個人的爭議，儘管有一些人蠻悍的武斷說：香妃即是容妃，但經他多年的努力考證，並且跟多人打過筆戰，還不惜遠征大漠，跑到新疆喀什噶爾找到香妃墓，訪問維族有關人士，查明了容妃是葉爾羌人，香妃則是喀什噶爾人，公布了她們兩人的世系表，不容異議者再有置喙。

姜先生於八十三年在台灣日報發表的「評埋香恨」文中，提及我在寫「香妃外傳」，不過在我完稿出版時，書名改成了「乾隆與香妃」，之前我在民國五十三年，寫過一部舞台劇「香妃」，五十九年改成了歌舞劇，在中視分上下集播映，七十八年也曾遠去新疆喀什噶爾，憑弔過香妃墓，所以對於有關香妃的問題，也特別有興趣。

除了楊貴妃和香妃之外，姜先生還考證了西施的下落，並非如一般人傳說的，她和范蠡相偕泛舟五湖終老；而是被句踐夫人命人把她裝入蔴袋，投入河中淹死了（見姜著「掀開歷史之謎」）。

姜先生以皓首之年，仍孜孜不倦的著述不輟，幾乎每年皆有新作問世，出版書目已多達六十餘部，筆者除了深感敬佩之外，也希望他這一本新著「楊貴妃考證研究」，能受到教育文化相關單位的重視與關注，以澄清歷史的眞相。

（本文91.9.18.青年日報刊出）

㈡

「楊貴妃之謎」舞台劇本，是他把對楊貴妃的一生死後復活潛逃日本之事蹟考證所得資訊，憑其優越的編劇素養，編撰而成，劇中的特色是不同與一般戲劇的誇張附會、偏離史實過遠，他則以完全忠於史實的態度，煞費苦心地完成此齣純正的歷史劇，實屬難得的貢獻，可喜可賀！期望不久的將來，該劇能由文建會等單位，補助經費，將此巨著視同「八月雪」一般予以盛大演出，展現在國人面前，重睹千年前歷史人物的風采，同時揭開久懸的歷史之謎。

（本文發表於92.年3.月25.日）

自序

楊貴妃被縊死於馬嵬坡，時在公元七五六年，那時，白居易尚未出生。白居易出生於唐代宗大曆七年（公元七七二年），到唐憲宗元和元年（公元八〇六年）已相關了五十年，白時年卅五歲，冬十二月，白任校書郎尉於陝西盩厔，該地在長安縣西，與馬嵬坡甚近，暇日，與友人陳鴻、琅琊王質夫二人相攜同遊「仙遊寺」，話及楊貴妃之事，相與感嘆，王質夫鑒於白樂天深於詩，多於情，試為歌之如何？

白樂天，亦即白居易，遂寫下了「長恨歌」，而陳鴻寫下了「長恨歌傳」。距離現今公元二〇〇三年，已相隔一千一百九十七年。

「長恨歌」詩中，有「馬嵬坡下泥土中，不見玉顏空死處」之詩句。原來天寶十五年六月十五日楊貴妃被縊殺後草草埋葬，同年十一月，唐明皇因收復長安，自成都返長安，途經馬嵬坡，有意挖掘出貴妃之屍體，隆重改葬，發現埋葬處是一空墳，僅有香囊一枚，留下一個謎團，才有此一詩句。

及後陳鴻所寫之「長恨歌傳」記載，唐明皇找來臨邛道士，有李少君之術，命致其神索之，陳鴻記道士跨蓬壺，見最高仙山，晤見了貴妃娘娘，臨辭別，跪請娘娘告一事，不爲他人聞者，以驗於太上皇，娘娘乃言：「天寶十年，長生殿上七夕夜晚密相誓心，願世世爲夫婦……」

白居易、陳鴻留下之「長恨歌」，及「長恨歌傳」中之謎團，一直爲後世學人迷惑，難以破解。十餘年前，我見報載：「日本有楊貴妃之墓」之報導，信疑參半，十餘年來，參閱了諸多有關楊貴妃之書籍，於二〇〇二年五月中旬，親赴日本山口縣大津郡油谷町二尊院，造訪了楊貴妃墓地「五輪塔」，始解開了此一「千古之謎」。

自日返台後，埋首案頭，完成了「楊貴妃考證研究」一書，由文史哲出版後，分送各有關單位。

教育部楊昌裕秘書，十分認同此一著作，推荐國家圖書館惠購卌冊，分送各圖書館，國內各大專學院校圖書館，亦樂於惠購蒐藏此書，供學生閱覽。

事隔一年，我覺得，「出考證研究」是一回事，爲求廣爲流傳此一歷史眞相，應將之改編爲「舞台劇」，似更具意義。

過去五十年，我寫過不少舞台劇本，有些在香港、菲律賓等地演出，我希望根據我辛苦改編完成的這本「楊貴妃之謎」，能受到舞台劇演出單位的青睞，能將之搬上舞台演出。

楊貴妃是中國四大美女之一，過去看過不少她的電影、電視劇，但多半只演至馬嵬坡爲止，只有一家汕頭音像公司，拍過「楊貴妃外傳」的錄影帶，唯其情節與史實眞相相隔甚遠，不受世人重視。近年又有人在大陸演出「貴妃東渡」的崑劇，也是離史實眞相甚遠。

如今「電影」景氣低迷，舞台劇演出，需有文建會及文化基金會等大力支持，才有演出之可能，否則多年前完成之「李商隱之戀」劇本，現已無剩，特附印在楊劇之後，供劇界參考。這兩齣心血之作，希望在有生之年，在舞台上與觀衆見面。

姜龍昭　寫於二〇〇三年三月廿五日台北

「楊貴妃之謎」歷史舞台劇本

時間：唐天寶十五年六月十四日至唐至德二年十一月十一日

第一幕—唐天寶十五年六月十四日（公元七五六年）

第二幕—唐天寶十五年十一月（公元七五六年）

第三幕—唐至德二年二月（公元七五七年）

第四幕—距第三幕三日後（公元七五七年）

第五幕—唐至德二年十一月十一日（公元七五七年）

地點：馬嵬驛、襄陽城、揚州城郊、日本油谷町

佈景：可全部採用抽象方式設計、亦可用寫實方式設計。

第一幕：馬嵬驛一祠堂內。

第二幕：襄陽城內一民房。

第三幕：揚州城郊一民房。
第四幕：同第三幕。
第五幕：日本油谷町海灘邊漁村。

人物：

唐明皇：即李隆基，七十二歲。
楊玉環：即楊貴妃，卅八、九歲。
高力士：老宦官，六十餘歲。
陳玄禮：龍武大將軍，四十餘歲。
謝阿蠻：廿八歲，舞孃。
馬仙期：宮中樂工，擅長樂器演奏，卅餘歲。
文　郁：玉環貼身侍女，廿一歲。
靜　子：玉環貼身侍女，廿歲。
阿　芳：玉環貼身侍女，略胖，十八歲。
意　兒：玉環貼身侍女，稍瘦小，十八歲。

劉經邦：馬仙期結拜兄弟，卅歲。
徐夫人：名淑賢，楊國忠長媳，卅歲。
藤原刷雄：日本遣唐使節中之大使，卅多歲。
日本漁民，有男有女，一老者爲村長。

第一幕

時：唐天寶十五年六月十四日（公元七五六年）

景：馬嵬驛一祠堂內。

人：唐明皇、楊玉環、高力士、謝阿蠻、陳玄禮、文郁、靜子、意兒、阿芳

幕啟時：

阿蠻、文郁、靜子、意兒、阿芳等分發餐具飯菜，侍候皇上、貴妃用餐。

阿蠻：皇上、娘娘，這些粗糙的飯菜，……勉強吃一點，……

文郁：對，娘娘，……從早到現在，……你什麼也沒吃，不餓嗎？……

玉環：文郁，我不餓，……（要他們把飯菜給皇帝吃）聖上，你吃吧，不吃，是撐不住的！

（外面傳來「殺」聲、馬嘶叫聲、弓箭聲、刀槍聲）

（「殺死這個賣國賊！」「反了，反了」）

（「殺得好，……早就該殺了」）

皇：高力士，你快去祠堂外面看一看，究竟發生了什麼事？亂哄哄的鬧成一片，……龍武軍，眞要造反了？

高力士：是，奴才遵旨。（即向台左奔下）

（外面人聲鼎沸，馬嘶叫聲）

（「不要放過他的兒子，楊家沒有一個好東西！」）

玉環：阿鑾，你也出去看一下，……楊丞相，是不和龍武軍發生了衝突？……

阿鑾：是，……我這就去！（也向台左奔下）

高力士：（氣急敗壞自左上）啓稟……皇上，……不好了，楊丞相，……他……被亂軍殺死了。

皇：高力士，怎麼會把楊丞相殺死了呢？

高力士：我聽說，楊丞相要龍武將軍陳玄禮快速趕路，官兵不得休息，將士們因爬山越嶺，疲累不堪，又沒吃東西，情緒不穩定，楊丞相以陳將軍違抗軍令，要將陳將軍正法，引起了公憤，有人射箭先射中了楊丞相，接著有人上去砍下了他的腦袋，……

皇：高力士，發生這樣的暴動，沒有大臣出來勸阻嗎？

高力士：陛下，當時群情激動，韋尚書出面去勸阻，被打成重傷，魏御史也險些跟著送命，那些官兵全像瘋了一樣，連楊丞相的少爺，還有什麼：韓國夫人、虢國夫人、秦國夫人，……全都被殺了，……那些官兵高聲喊叫，說：「楊家，沒有一個好東西！」……

皇：高力士，別再說了，龍武將軍陳玄禮，也管制不住他們嗎？……

高力士：陳將軍盡量在疏導軍士們的情緒，聽說那些軍士們，……還不甘心，就此了結，還有新的要求。

皇：什麼新的要求？

高力士：奴才並不太清楚！

皇：快宣陳玄禮來見駕！

高力士：是，遵旨。（左下，聞他大聲叫：「宣龍武將軍陳玄禮見駕！」）

玉環：龍武軍是保駕皇上的軍隊，怎麼會如此無法無天！

阿蠻：（自外奔入）娘娘……不好了，恐怕會引起「兵變」？……快逃吧！

玉環：阿蠻，……別信口胡言！怎麼會這樣？……我哥哥，竟這樣白送了性命，……
　　皇上，……你要給我作主啊！（哭泣）
（陳玄禮自外進入）
陳：（行禮）聖上，臣龍武將軍，陳玄禮見駕！……吾皇萬歲！
皇：陳玄禮，楊丞相縱有處事不公之罪，爾等也不該斷然將之處死啊！
陳：皇上，此次爆發這樣的事，實在事出突然，……臣失職之處，請聖上治罪！……
玉環：陳玄禮，楊丞相是因爲得罪了你，……就該被殺嗎？
皇：玉環，事情已經發生了，你也別責難玄禮了，目前，最要緊的，是穩住軍心，……
　　希望他們先冷靜下來，帶罪立功！……
陳：謝皇上恩典。
（外面又高叫：「內奸不除，誓不護駕！」）
（「斬草除根，……不殺貴妃，我們不走！」）
（高力士奔出，又匆匆奔入）
高力士：皇上，……將士們高叫要斬草除根，……殺了貴妃娘娘，他們才肯上路！

皇：荒唐！……陳玄禮，你……快去安撫軍心，……難道……他們全瘋了，……要造反了，……殺了楊丞相，還要殺貴妃！

陳：皇上，……臣……這就去處理！（陳奔出）

（外面：「不殺楊貴妃，誓不出發」……）

（繼續：「不殺楊娘娘！……我們不安心……」）

阿蠻：娘娘，……怎麼會這樣？

玉環：皇上，……你要爲臣妾說話呀！

皇：太不像話，……眞是要造反了，……高力士，……怎麼會亂成這樣！……是安祿山的亂軍，殺進來了嗎？……

高力士：皇上，……別發火，……陳將軍，會把他們控制住的！

（陳玄禮自外上）

陳：啓稟皇上，剛才臣在祠堂外，見了龍武軍的全體將校士兵，他們衆口一詞，要求皇上，把貴妃娘娘，……即刻處死，否則，……他們不再聽命，繼續趕路，決定……

皇：決定要反叛朕，倒向安賊不成！

陳：聖上千萬請息怒，龍武軍三萬弟兄一心感戴聖上，……只是不忍見大唐朝，毀在奸臣手裡，如今奸臣雖已伏法，但奸臣的妹妹，留在皇上的身邊，等於斬草，未有除「根」，……來日難免後患無窮，……所以請求聖上，在這非常時期，忍痛割愛，將楊娘娘賜死，以絕後患！

皇：什麼？（聲音發顫抖）……要朕把楊娘娘賜死！這……朕……絕不能接受！

文郁：皇上，楊娘娘，又沒犯什麼罪？……爲什麼要賜死？……

玉環：皇上，……你捨得要臣妾去死嗎？

皇：陳玄禮！……這斷斷不可！……

陳：聖上，……你還是以大局爲重，暫且把私情抛開吧！

皇：不……朕，……不能這樣……絕情，……去，陳玄禮，……朕命你去交涉……疏通，……朕絕不讓娘娘，……作這樣的犧牲，……

（外面叫嚷：「不殺楊娘娘，我們就不走」）

（一再重複叫：「不賜死楊貴妃，咱們……就不走了。」）

皇：（大聲）陳玄禮，快去交涉呀！

陳：臣……遵旨。（走出）

玉環：皇上，……你……逃命要緊，……就答應他們讓臣妾去死吧！

皇：玉環，……說什麼，我也不會答應他們！……

意兒：娘娘，……讓意兒代你去死吧！

阿芳：皇上，……讓阿芳代娘娘去死，……娘娘，你不能死！

阿鑾：要死，娘娘，我和你死在一起！

靜子：娘娘，……你不能死，……你要死了！……我也不想活了！

（環與衆使女，哭成一團）

皇：玉環，……朕不會讓你去死的，……這些人的要求，實在太過份。

（陳玄禮自外入）

陳：啓稟皇上，……臣慚愧……無能，我向大家說破了嘴皮，依然無效，大夥兒說，要是沒有娘娘做貴妃，楊國忠就做不了丞相，沒有楊丞相，安祿山也不敢起來造反叛亂，追根究底，罪在楊娘娘，……要不然也不會有今日這樣的局面，……皇上，你還是把娘娘捨給龍武軍吧！若再僵持下去，一旦軍心渙散，……那就更不敢想像！

……

（外面叫嚷不停：「娘娘不死，……我們不走！」）

玉環：皇上，……既然如此，……就犧牲臣妾，成全他們吧！臣妾不怪皇上。

皇：不，玉環，你……沒有罪，爲什麼要死？

陳：皇上，……三萬龍武軍，都忠心效忠皇上，……你別……使他們失望……答應他們的請求吧！

皇：（嘆息）唉！……朕能這樣做嗎？……朕忍不下這個心啊！……

（外面傳來一陣急迫的鼓聲，傳言：「這是頭通鼓，等三通鼓後，希望皇上早做決定。」）

（叫嚷聲寂靜下來）

高力士：（老淚縱橫）貴妃娘娘，……喪邦容易，創業維艱，爲了大唐朝的興亡，懇求娘娘，以國事爲重，……爲拯救大唐，不做千古的罪人。

玉環：高公公，臣妾願意死，只是捨不下皇上呀！

皇：玉環，……朕…也…實在捨不下你！

陳：皇上，大唐能否東山再起，或就此結束，生死存亡在您一念之間，……懇求皇上，揮劍斬情絲吧！

（二通鼓，又急驟響起）

（高力士奔出）

高力士：（在外大喊）龍武軍的將士們，你們放過楊娘娘吧！（外面，「娘娘不死，……我們不走」）

玉環：皇上，允許臣妾去佛堂自盡吧！……（阿鑾、阿芳抱住娘娘）

阿鑾：娘娘……

陳：皇上，以社稷爲重，狠心割愛吧！

皇：玉環，朕不能答應你去死，……我們在「長生殿」上曾經發過誓，要同生共死，……要死，……朕跟你一起去死，……讓那些龍武軍反了吧！

高力士：（自外入）皇上，外面軍心浮動，已把馬嵬驛，團團圍住了，再不答應他們，就會衝進祠堂裡來。

玉環：皇上，你是一國之主，務請保重，龍武軍既然只要我死，……我決心成全他們，……高公公，……帶我去佛堂！

皇：（哭泣）愛妃，……你眞忍心丟下我，走了嗎？（拉住貴妃）

玉環：（掙脫）皇上，……一切以大局爲重，……皇上，來世再見！

皇：玉環，……朕的心，都碎了！……

（三通鼓響）

（楊與高及一群使女入祠堂去下）

陳：皇上，卑職去向大家宣告，娘娘已經自盡歸天了。

（場上只剩皇上一人，聚光燈照他一人。）

陳：（在幕後宣告）龍武軍的弟兄們，楊娘娘已經自盡歸天了，大家安心別鬧了，吃完了飯，就準備上路，保護聖駕，平安抵達扶風……

皇：玉環……玉環……

（幕後：群衆喊叫：「皇上萬歲……萬歲……」）

（幕徐徐下）

第二幕

時：唐天寶十五年十一月（公元七五六年）

景：襄陽城內一民房。

人：楊玉環、謝阿蠻、文郁、靜子、意兒、阿芳、馬仙期

幕啓時：

旁白：楊貴妃雖在馬嵬坡被賜死縊殺，但她命不該絕，死後又甦醒活了過來，侍候她貼身的四名宮女，就護隨著她一起逃亡；爲避人耳目，她改扮作女道士模樣。楊玉環換穿道士服裝，由文郁扶之出，並爲之梳妝打扮。

文郁：娘娘，……妝梳好了，……

玉環：文郁，……別再叫我「娘娘」，……叫我河上郡主，怎麼，你又忘了？

文郁：郡主，……我從小進宮，侍候你已經快十年了，……一時，還改不過來。

玉環：文郁，我不怪你。……你看，……我再世爲人，……是不比以前在宮裡瘦多了！

文郁：這些日子，你，吃不好，……又睡不好，……老是提心吊膽、躭驚害怕的，……

怎麼會胖的起來，……

玉環：唉，……人海茫茫，……今後的日子，……不知何時，才能定下心來。……文郁，……舞娘謝阿鑾說，她有個舅舅在襄陽，怎麼？我們千辛萬苦的來到了襄陽，……卻沒遇見她舅舅呢？

文郁：聽說她舅舅兩年前，就搬離襄陽走了，……現在，……阿鑾姐還在繼續打聽，他的下落呢！

（靜子捧一盤子，內放一參湯上）

靜子：郡主，……參湯熬好了，……你趁熱吃了吧！

玉環：靜子，謝謝你。（接過參湯喝了，將碗放回盤子）……阿芳和意兒，她們人呢？

靜子：她倆上市場買菜去了，……大概就快回來了！……

玉環：靜子，……我們帶的銀兩還夠用嗎？……若是不夠用的話，……就拿皇上送我的那些釵鈿首飾，去換錢來用吧！……

靜子：郡主，……眼前還不用擔心，……那些釵鈿首飾，不到萬不得已，……我們絕不動用。

（意兒和阿芳二人買了菜回來，菜籃有魚、肉及青菜等物）

玉環：意兒、阿芳，你們回來啦！……

意兒：郡主，……我買了條魚，……你喜歡紅燒，還是清燉，……

玉環：我喜歡清淡的，不用紅燒了！……對了，阿芳，你們方才在外面，有聽到什麼消息嗎？……說來聽聽。（意兒提菜籃入內下）

阿芳：郡主，……我聽說，皇太子李亨已經在靈武，登基做了皇上，……以前的皇上，如今做了太上皇，……郭子儀的軍隊，打敗了叛軍，收復了京城，太上皇他們也經由蜀郡回到了長安，娘娘，……我們別再逃亡了，還是回到太上皇身邊去，好不好？

玉環：阿芳，……你是說，……我們不再流浪，也回到長安去？

阿芳：是呀！

文郁：能回去嗎？……太上皇不殺娘娘，……有人會殺娘娘的，千萬不能回去，……回去，是自投羅網送死，……

阿芳：不會的，……娘娘，……這些日子，吃沒吃好，睡沒睡好，……你受的苦，還沒受夠嗎？

玉環：讓我想想看。靜子，……你的看法如何？

靜子：我想，爲了「安全」起見，還是別回去的好，……現在，兵慌馬亂的，隨時都可能「兵變」，……娘娘，……你不能再去冒險了！

阿芳：哼！……十足的「膽小鬼」，……

文郁：阿芳，別太激動，凡事要理智的想清楚，才好。……

（謝阿鑾領馬仙期，拿了琵琶包袱，自外進入，若演員不會彈琵琶改用胡琴也可。）

阿鑾：娘娘，……你看，……誰來了？

玉環：啊！樂工馬仙期師傅，……你……也逃到襄陽來了！

馬：貴妃娘娘，……馬仙期，……給你請安。……

玉環：阿鑾，……你怎麼遇見馬師傅的？

阿鑾：馬老師推了一輛獨輪車，車輪陷在一水溝裡，卡住了，……我去幫他推了一把……才知道……原來是馬老師，……馬嵬坡兵變的時候，龍武軍和楊丞相的金吾軍，打了起來……。

馬：那時我們樂工團隊、梨園子弟，全給衝散了，……大家散夥後，逃命要緊，……亂軍中，被殺死的人，數也數不清，……我能逃到襄陽，除了這把琵琶，什麼也沒帶。……娘娘，……你能收留我，跟阿鑾一起上路嗎？

玉環：（想了一下）好呀，……我們一共六個，都是女的，……有你一個男的護著，別人也就不敢隨便欺負，……馬師傅，我現在已不是什麼貴妃娘娘，……你看我這身女道士打扮，你就叫我「河上郡主」的稱呼，這樣，一路上可以避人耳目。

馬：是的，郡主。

阿鑾：郡主，……我四處找人打聽，……就是找不到我舅舅的下落，……我們是不就在襄陽，暫且住下，不走了？還是再往南前進！

玉環：眞要向南走，……我希望租一條船走水路，就不會遇上關卡盤問，惹上麻煩，……祇是水路，走到那兒去才好呢？

文郁：我也贊成走水路，……比陸上趕旱路，輕鬆多了！

靜子：對！，……走水路比較安全。

馬：阿鑾，……我有個結拜兄弟，他叫劉經邦，住在揚州，是個靠得住的讀書人，我對他可以信得過。……郡主，……我們不妨買條船，下渭水，先進入江夏、武漢，再沿著長江，向東行進，就可抵達揚州。

玉環：好啊，……我們七個人，就租一條船，到了揚州，再說。……

（門外突然傳了一陣鞭炮聲）

（衆被嚇、驚慌一團，文郁與玉環先躲入內室）

（接著一陣馬蹄聲、喧嘩聲）

阿鑾：馬老師，你去外面看看，沒有什麼事？千萬就別讓陌生人進來。

馬：是，阿鑾。

（馬開門外出）

（靜子、阿芳，躲在阿鑾身後）

（稍頃）

（馬自外進入）

馬：阿鑾，沒事，……快去稟告郡主，……是你們家對門在辦喜事，新郎官帶了喜轎，來迎娶新娘子，……所以放鞭炮。

（環及意兒、文郁自內走出）

玉環：馬師傅，……眞的沒事？……

馬：有事，……我會先去擋著！別怕！郡主。

玉環：我已成了驚弓之鳥，……現在，……我的心，……還在蹦蹦跳呢！

（幕下）

第三幕

時：唐至德二年二月（公元七五七年）

景：揚州城郊一民房。

人：楊玉環、謝阿鑾、馬仙期、劉經邦、意兒、靜子、阿芳、文郁、徐夫人

幕啓時：

馬仙期一人在場上撥弄琵琶（或其他樂器），謝阿鑾自內走出。

阿鑾：仙期，……

馬：阿鑾，……

阿鑾：娘娘，老是不肯出去走動，我們老躭在屋裡，怪無聊的，你……不是聽說，大詩人李白，如今也被永王李璘羅致了，……爲了給永王打氣、加油，你來彈，我來唱，李白早幾年寫的「清平調」，給娘娘解悶，好不好？

馬：好呀，……我這琵琶已很久沒彈了，……你去請娘娘出來，我……先彈起來。（彈起前奏）

（阿蠻入內，侍候玉環出，坐下）

阿蠻：（配合琵琶演奏，唱起來，若能邊唱邊舞更佳）

「雲想衣裳花想容，春風扶欄露花濃。
若非群玉山頭見，會向瑤台月下逢。
一枝濃艷露凝香，雲雨巫山枉斷腸，
借問漢宮誰得似，可憐飛燕倚新妝。
名花傾國兩相歡，長得君王帶笑看，
解識春風無限恨，沈香亭北倚闌干。」

玉環：（鼓掌）阿蠻，你這一唱，……使我想起那年，在華清宮的情景來，……啊，……我們離開馬嵬坡……已經半年多了，時間過的眞快，……幸虧遇上了馬師傅，……要不然，我們做夢也想不到，會到揚州，安居下來，……

阿蠻：是啊，……娘娘，……我們都是託你的福！……你要我與仙期，爲避人耳目，假扮做夫妻，開始的時候，怪難爲情的，想不到，弄假成眞，如今我和仙期竟眞的做了夫妻。

玉環：你和馬師傅，是天作之合，一個是舞娘，一個是樂工，……也是緣份，……若不是逃難，……也不會湊在一塊兒！……

馬：還全靠娘娘的成全。

阿鑾：對了，娘娘，……昨兒文郁、阿芳，去城裡茶樓裡聽來的一些消息，不知道可不可靠！

玉環：什麼消息？

阿鑾：文郁說，大家都在談：太上皇去年十一月，自成都重返長安，途經馬嵬坡時，有意爲娘娘隆重再改葬，誰知後來挖掘墓地，發現是一空墳，只見留了一枚香囊，有人就傳說娘娘沒死，……太上皇高興的，立刻派人去馬嵬坡四週尋找娘娘的下落，結果，在附近一古廟中，聽一老道士說，娘娘已到山東嶗山修道去了，……太上皇就又派了道士去山東尋找娘娘……

玉環：我沒死在馬嵬坡，皇上確實不知道呀！……

阿鑾：娘娘，……太上皇，會不會派去的道士，在山東沒找到娘娘，……又追查到揚州來呢？

玉環：我想不會吧！山東和揚州，離得很遠呢！
馬：這可很難說，……
玉環：若是永王……能打敗了李亨的部將，……就好了，……當今的皇上李亨……，他就不可能來到揚州，我也可在戰亂中保住了性命，若是永王李璘被李亨的部隊打敗了……那就難說了！
阿鑾：永王李璘，……不是皇上的十六太子嗎，……他和當今的皇上李亨三太子，……是同一個父親，……同胞手足，會互相殘殺嗎？
玉環：不要說兄弟手足會互相殘殺，……爲了爭奪王位，……有時候，兒子還會殺了老子呢！
馬：娘娘，……你是不也聽說了，……安祿山，……已經被他的兒子安慶緒殺死了！……
玉環：這也是阿芳她們在外面聽來的傳言，因爲安祿山有意將王位，傳給他寵愛的側室段夫人所生的兒子安慶恩，引起太子安慶緒的不安，就暗中和安祿山的親信嚴壯，加上侍候安祿山多年的閹人李豬兒三人合謀，將安祿山殺死……

馬：娘娘，……若安祿山果眞被殺死了，……那叛軍，還會繼續作亂嗎？
阿蠻：叛軍有安慶緒，……還有安祿山的部將史思明呀！……
玉環：唉，……這樣打來打去，眞不知要到什麼時候，天下才能恢復太平。
（這時，意兒、阿芳自外買菜回來，菜籃中，只有青菜豆腐）
阿芳：……娘娘，……剛才，我去市場買菜的時候，聽到城裡來的人說，……
玉環：說什麼？
阿芳：永王手下的三員大將：季廣琛、渾惟明、馮季康，都被李亨，派人用金錢收買了，……他們帶了近萬名官兵，都叛離了永王，投靠到李亨那邊去了，……
玉環：是嗎？……那我們希望永王打勝仗的盼望，……是落空了？
意兒：是啊，……娘娘，……這可怎麼是好！
馬：眞沒想到，會有這樣的演變，……看樣子，永王，難以對抗李亨，……大勢已去。……軍隊就怕叛變，……軍心一渙散，……就一點兒士氣也沒有了！
（外面傳來敲門聲）
玉環：別忙去開門，我先去後面躲一躲，……馬師傅，你來應付。（入內屋去，意兒、阿芳也入內。）

（馬稍自鎮定，才去開門。）

馬：（向門外問）誰呀？

（門外：「大哥，是我啊，……經邦。」）

馬：（這才去外開門，將劉經邦迎入）三弟，……你從城裡來嗎？……外面情況怎麼樣？

經邦：（進入內後，才說話）娘娘呢？……

馬：我去請她出來1！……（入內，引玉環自內出）娘娘，……是我結拜的三弟經邦來看你。……

玉環：劉先生，……請坐，……文郁，……給客人倒茶。

（文郁自內出，端了茶盤，送上茶）

經邦：娘娘，……我是才從城裡來，……眞是兵敗如山倒，一夜之間，永王的部隊，……幾乎全倒過去了，……一路上，亂成一團，娘娘，……你沒事，還是少出去走動的好。

玉環：依你看，……揚州，是不是也會不保，聖上李亨的兵馬，……會一路打到揚州來嗎？……

經邦：這很難說，……因爲他還要應付安慶緒、史思明那批叛軍啊！……再說，揚州這個城市，還住了一些日本人，日本派到大唐朝來學習政治、文化、宗教的遣唐吏節團，都住在揚州，我想眼前，揚州還是很安全的。

玉環：啊，……

經邦：再說，……娘娘你現在住的是揚州城的近郊，……和城裡還有一段距離，……眞有什麼不安全的顧慮，……我也會先來跟娘娘通風報信的。

玉環：聽你這麼說，……我就放心了。……

（燈光暗轉）

（燈再亮時，場上空無一人。）

（稍頃，馬仙期高興的自外上。）

馬：阿鑾，……阿鑾！……

（阿鑾聞聲自內出）

阿蠻：仙期，……娘娘正在午睡，……你這樣大喊小叫的，別把娘娘吵醒了。

馬：阿蠻，……方才我在外面街道上，遇見了一個人，這個人，……你也應該認識的！

……

阿蠻：是誰呀？……

馬：就是戶部侍郎楊暄的太太，我們都叫她徐夫人的！

阿蠻：楊暄，……不就是宰相楊國忠的長子。徐夫人，是楊暄的太太嗎？

馬：是呀，……宰相和他太太，……一共生有四個少爺，我聽說，長子楊暄，是在馬嵬坡和宰相當場就被殺死的，……另外三個兒子，也在「安史之亂」中被叛軍處死的，……想不到，徐夫人竟幸運的成了漏網之魚，帶著她一個八歲的兒子歡郎，……也逃到揚州來了。

阿蠻：他們現在住在那裡？

馬：徐夫人住在日本遣唐使節團的揚州官邸裡，……她聽我說貴妃娘娘，死後又復活醒了過來，很想來見貴妃娘娘，……我擔心，娘娘怕洩漏行蹤，……不願見她，……所以，特地趕回來，先稟告了娘娘，徵得娘娘的同意後，……再讓她來見娘娘。

阿鑾：算起來，……她是娘娘的姪媳婦，都是自己人，有什麼好害怕的，……我現在就去稟告娘娘，……娘娘此時此地能遇見一個親人，高興還來不及呢！

（阿鑾說完，即奔入內室）

（文郁自內出）

文郁：馬大哥，……阿鑾說你遇見了徐夫人？那一位徐夫人呀？

馬：就是宰相楊國忠的長媳婦啊，……過去，常入宮參加一些宴會，……你忘了？

文郁：你這麼一說，……我想起來了，她是楊暄的二夫人，大夫人因病死了以後，就扶正爲夫人了，她出身良好，楊暄特別寵愛她呢！

（自內出）

阿鑾：仙期，……我已經向娘娘稟告過了，……娘娘說，兵荒馬亂的，好不容易遇見一個親人，很不容易，命你即刻前去，把她請來，……只是一路上，要特別小心，……避免給人跟蹤，知道嗎？……

馬：好，……我這就去找徐夫人，來與娘娘見面。

（馬向外走出）

（玉環整理衣妝，自內出。）

玉環：阿鑾，……馬師傅，他人呢？

阿鑾：他已經走了，……娘娘不是急著要和徐夫人見面嗎？

玉環：我哥哥的次子楊咄，是駙馬都尉，曾擔任「鴻臚寺卿」的職位，因爲工作的關係，經常與外國的外交使臣，有所來往，……徐夫人，怎麼會和日本的遣唐使臣認識呢？

阿鑾：可能……在逃難途中，相認識，馬嵬坡在逃難時，不是那些日本遣唐使臣，也和我朝廷的大臣眷屬，一起逃難的嗎？……只是後來發生兵變，宰相的眷屬，大半被龍武軍殺了，……徐夫人能千里迢迢逃到揚州來，眞是不容易啊！

（正談說間，阿芳、靜子、意兒自內出）

阿芳：阿鑾姐，……是誰……要來見娘娘，……是不我們的行蹤，被人發現了嗎？

阿鑾：阿芳，別緊張，……是楊暄的徐夫人，要來見娘娘，……你們也都認識呀！……

阿芳：怎麼這麼巧，她怎麼也會到揚州來呢？

阿鑾：她一定也是走水路逃亡，……所以，才會和我們在揚州相遇啊！

（正談說間，馬領徐夫人自外上）

馬：娘娘，……我把徐夫人，請來見您哪！

徐：（上前下跪拜禮）娘娘，……姪兒來向你請安啦！……

玉環：（上前扶起徐）淑賢，出門在外，都是一家人，不必多禮。……我們幾個人，經過長途跋涉，走了不少的路，才來到揚州，你……怎麼也會到達揚州來呢？

徐：啓稟娘娘，……馬嵬坡兵變時，我和歡郎，因爲是眷屬，沒有和宰相公公和楊暄他們走在一起，另組一隊，走在後面，後來因發生兵變，公公他們被殺，我就和歡郎，還有一名保姆，一名隨從，兩名婢女，一起捨車步行，準備回長安，當時場面很亂，在人叢中，擠來擠去，走上一條小路，和日本遣唐使的部份留後人員相遇，逃在一起。

玉環：啊，……原來是這樣，……所以，你現在住在遣唐使節的官邸中。

徐：遣唐使的大使藤原河清，人在安南，現在由他的弟弟藤原刷雄，副大使代理大使，他對我母子兩人十分照顧，這一路上，幸虧由他保護，要不然，也許早就被叛軍殺死在逃亡途中了。……

玉環：生死有命，……我在馬嵬坡被縊殺後，又復活了過來，也是做夢也想不到的事！

徐：娘娘，……你今後有什麼打算呢？……我聽說，揚州也不一定安全，說不定安慶緒、史思明，他們這一批叛軍，也會攻打到揚州來！……

玉環：眞要揚州不保，落在他們手裡，……我也不知該逃到那兒去，才比較安全，……淑賢，……你……準備……去那兒呢？

徐：遣唐使藤原大使說，……再過幾天，……接他們回去的大船，就要啓航回日本去了，……他說，……他有親屬在女皇手下，官位不低，……可以保證他帶我母子入關，去日本居住，……只是，我不懂日本話，……又沒有親戚朋友在日本，……娘娘，若是您也願意一起去日本，……有了你作伴，……我就不怕了。

玉環：淑賢，……你打算跟遣唐使他們到日本去？

徐：是呀，……眼前，我雖住在日本官邸，很安全，……但不敢隨便出門，連晚上做夢，都擔心被叛軍抓了去斬殺，這種心驚肉跳的日子，……眞過怕了。

玉環：（嘆氣）……唉，……我還不是和你一樣，……同病相憐，同是天涯淪落人。

（這時，外面有了敲門聲，徐及玉環有如驚弓之鳥。）

玉環：馬師傅，你去開門看看，是誰來了？

馬：是，娘娘。（馬去外面開門，阿鸞隨之出，屋內肅靜，空氣緊張）

（稍頃，阿鸞先上場，隨後，馬領劉經邦自外入）

阿鸞：娘娘，……是劉先生來了，他說，有重要的消息，向你稟告。

玉環：劉先生，……有什麼重要的消息嗎？

劉：娘娘，……永王的部將被收買叛變後，李亨的軍隊，將永王活捉了過去，李亨不念他和永王兄弟之情，竟下令將永王殺了！……

（衆吃驚）

馬：李亨是太上皇的三太子，……永王李璘是太上皇的十六子，兩兄弟原是一家人，想不到竟視同仇人一般，互相殘殺！……李亨的軍隊，……打了勝仗，……很快，……就能渡江，打到揚州來，……娘娘，李亨是你的剋星，……當時，馬嵬坡兵變，我就聽到外面的傳言說，……這是李亨在幕後一手操縱的，如今他登基做了皇上，……連兄弟都敢殺，娘娘，……我看我們還是快逃離揚州吧！……

玉環：馬師傅，……是這樣嗎？……眞的快逃離揚州比較好？

馬：我想三弟聽來的消息可靠，……我和阿蠻，留在揚州，不會有危險，……娘娘，……你，

……爲了保命，……還是逃離揚州的好！

徐：娘娘，……您……跟我一起逃到日本去吧！

玉環：（長嘆）天哪！……難道，……天下雖大，……竟無我楊玉環容身之地嗎？……

文郁：娘娘，……別難過，……我和你，要活，活在一起，要死，也死在一塊！……

阿芳：娘娘，……（哭）……我，也和文郁一樣，……永遠跟你在一起！

（靜子、意兒也相擁哭成一團）

——燈黑，幕下。

第四幕

時：距第三幕三日後（公元七五七年）

景：同第三幕。

人：楊玉環、謝阿蠻、馬仙期、文郁、意兒、靜子、阿芳、徐夫人、藤原刷雄

幕啓時：

阿芳、文郁、靜子、意兒四人在場，似開小組會議，在商量。

阿芳：文郁，……阿蠻姐姐不是說，今兒下午，徐夫人就會陪同那位日本的遣唐使，一起來見娘娘嗎？……怎麼等了這麼久，還不見人影，是不是變卦了？

文郁：阿芳，誰知道呢？……也許日本的遣唐使，……怕惹麻煩！……他怕……被人發現了，…也許……對他會不利！所以，不來了。

阿芳：他是日本人，……難道……他會怕皇上李亨嗎？……

文郁：李亨只是唐朝的皇上，……他才管不到日本人呢！……

靜子：文郁，……你是娘娘最貼心的宮女，……你說，娘娘，她會不會眞的答應徐夫人，

和她的兒子一起去日本呢？

文郁：我想，娘娘的心理，大概也很矛盾，……她不去日本，在國內逃來逃去，那兒都有危險，到了日本去，……誰也不知道她是誰，……就算知道，也不會把她抓起來，……娘娘，為了安全著想，去日本最理想。……（略停頓一下）只是……

意兒：娘娘，在日本，一個親人也沒有，……再說她又不懂日本話，……去日本，她靠誰過日子啊！

阿芳：那個日本遣唐使，若是真心請娘娘去，……這些，都不用你們操心，……他會替娘娘安排好的！

靜子：娘娘若真的去日本，……我們也跟著去，……我相信，他們不會虧待我們的，……我還聽說，現在日本當朝掌權的天皇，是個女的，叫孝謙女皇，……和遣唐使藤原刷雄有親戚關係，那執政的首相藤原仲麻呂，也都是贊成日本推行大唐文化的，他們建造的京城，聽說都是仿照我們唐朝長安城的規格，只是比較小，祇有長安城四分之一大，……一些寺廟、市場……的建築，也都和長安城同樣的規格……

意兒：靜子，……你怎麼會知道這麼多？

靜子：還不是聽阿鑾姐姐說的，……她還說，我們娘娘若是到了日本，日本的女皇會，視同如貴賓一樣接待她！

文郁：是嗎？

阿芳：我本來不打算跟娘娘去日本的，……聽靜子這麼一說，……我想，……去日本可以增長不少見識，也好，……

文郁：意兒，我想聽聽你的意見，你贊成娘娘到日本去嗎？……

意兒：我？……隨便，去就去，……不去，也無所謂。……只是我聽阿鑾姐說，……她不想跟娘娘到日本去，……她……因為……跟馬師傅做了夫妻，……她要聽馬師傅的，……

文郁：馬師傅，……怎麼說？……

意兒：馬師傅說，……在國內，若是被叛軍或是李亨的軍隊發現，他倆和娘娘在一起，會受到牽累，惹上殺身之禍，若是娘娘去了日本，他和阿鑾打算回到長安去找「太上皇」，有「太上皇」護著，就不會有什麼麻煩的！……

阿芳：這麼說，……阿蠻姐姐不去日本，她是要……跟我們分手了？……

文郁：阿芳，天下沒有不散的筵席，…分久必合，合久必分，……不可能永遠合在一起的，……

靜子：阿蠻姐，如今是有夫之婦，……跟我們是不一樣的，……阿芳、意兒，有一天，……你們找到了如意郎君，……也還不樣要跟我們會分開！……

阿芳：（略提高音調）別胡說，誰想找如意郎君呀！（欲打靜子，靜子躲，鬧來追去聲中，玉環自內出）

玉環：文郁，……你們在鬧什麼？……

（衆靜下來！）

文郁：娘娘，……阿蠻姐姐、徐夫人、馬師傅，……他們都沒來，會不會，那個叫藤原的遣唐使，他是不是改變主意，……不來了，……

玉環：（冷靜的思索）眞要是，改變主意不來的話，……也會派人來給我回話的，……你們不用著急，……我相信，……她們會來的，……文郁，……你們剛才聊天，在談些什麼？

文郁：意兒方才說，阿蠻姐、馬師傅他們兩人，不跟娘娘去日本，他倆打算回到成都，去找太上皇，……娘娘，你同意她倆跟我們分開嗎？

玉環：按說，……我不會同意他們跟我分開，……不過，……我也不能太自私，……他們沒跟我在一起，遇上叛軍，或是李亨的部隊，不會有生命的危險。爲了他們的自由，……我同意她倆不跟我去日本，……讓他倆回成都去找太上皇，也好，……可以把我去日本的行蹤，告訴太上皇，……讓他……老人家安心！

靜子：娘娘，……你這樣的考慮，也是對的！

阿芳：（高興的指著遠方）娘娘，你看，阿蠻姐、馬師傅來了，……還有徐夫人，……那個日本的遣唐使，……走在後面，……也來了！……

（文郁、靜子、意兒等下場，迎接阿蠻、馬師傅上場）

馬：（行禮）娘娘，……阿蠻和我把徐夫人，還有日本的遣唐使都請來了，……藤原大使說，過去，在長安曾經見過你，……你領著一群美女，跳的「霓裳羽衣曲」，留給他深刻的印象，一直難以忘記呢！

玉環：馬師傅，……辛苦你了，……沒有人在後面跟蹤你吧！

阿蠻：娘娘，……放心，……我們特別走近路小巷子，並且要藤原大使，也穿上中國平民的衣服，不會引起路人注意的！

玉環：那就好。

（徐夫人引藤原刷雄，自後上，文郁、靜子、意兒也上）

徐：（先上前行禮）貴妃娘娘，……我來給你介紹，這位就是日本派來我國的遣唐大使藤原刷雄先生。……

藤：（上前行禮）貴妃娘娘，平安，……我再次見到娘娘，是我刷雄無上的榮幸！

玉環：阿芳，上茶，……徐夫人、藤原大使，請坐，……

（禮讓一番後，主客均坐下）

藤：貴妃娘娘，……當徐夫人告訴我說，……你在揚州，很想與我見面，原本，我應立刻就來見娘娘的，只因家兄藤原清河，坐船出海的時候，途中遇上風浪，船被吹到海南島安南去了，他不在揚州，……所以，才由我這副使，升任正使，可以決定一切，……

玉環：我聽徐夫人說，令兄本叫「藤原河清」，皇上爲了保障他航行安全，特賜命叫他改名爲「藤原清河」，並且命他爲「特進祕書監」。……對嗎？

藤：我們藤原家族，在日本政壇上，是有崇高地位的貴族，現今的孝謙女皇，她的母親藤原光明子，就是她父親聖武天皇的皇后，還有當今執政大臣藤原仲麻呂，也是朝中熱心推行大唐文化的執行者，……所以，我可以向貴妃娘娘保證，你若願意搭乘我們遣唐使的大船，去到日本的話，一定會受到孝謙女皇的歡迎，她會視你同貴賓一般的款待。

徐：貴妃娘娘，……你若決定去日本的話，……我也可以沾你的光，不用爲生活發愁了啊！

玉環：藤原大使，若是眞要去日本的話，……你們的大船，什麼時候，才啓航呢？

藤：本來，早就啓航了，……完全是因爲揚州延光寺的鑑眞和尙，猶豫不定，延擱了下來。……

馬：娘娘也許不知道，揚州延光寺的鑑眞和尙，大大的有名，遠在十幾年前，日本方面就邀請他渡海去日本弘揚佛法，結果，渡海計劃在途中一再遭遇風浪而做罷，有一次，船到了舟山群島，前進時觸礁，幸虧遇上另一艘明州太守的官船相救才脫險！

……

玉環：藤原大使，眞有這樣的經過嗎？……

藤：馬師傅說的沒錯，……如今鑑眞和尙，已雙目失明，昨天，他有感於我日本方面的誠意邀請，爲了去日本弘揚佛法，他答應我不管海上航行的安危，決定搭遣唐使的大船，東渡扶桑。……他說前五次的失敗，沒有去成，……這一次，有菩薩保佑，一定能如願以償！……

玉環：這麼說，我若決定去日本，……可能這一兩天，……就要準備上船了！……

徐：是呀！……娘娘，……我聽說船在海上，可能要航行五、六天，也許七、八天，……你心理上也是要先有個準備。

玉環：藤原大使，……這一次，你們返日本的大船，一共有幾隻？

藤：以往，是二艘、三艘，……這一次，因爲有鑑眞法師同行，一共有五艘，……

玉環：五艘大船，……可以坐多少人呢？

藤：接近五百人。

玉環：徐夫人，……你決定帶你的小孩歡郎同行？

徐：嗯！娘娘，你吶！

玉環：阿鑾，……馬師傅，……你們兩個決定不跟我去日本了嗎？……

阿鑾：娘娘，……我又不會說日本話，……再說，……日本這麼遠，我和馬仙期去了日本，一個親人也沒有，……我們商量了很久，決定還是回長安去，……雖說揚州到長安，也千里迢迢，…但我相信……我們能見得到太上皇的，……當今的皇上，即使抓到了我們，因爲我們衹是樂工和舞娘，也不會把我們處死的！

馬：娘娘，……我們若是見了「太上皇」，也可以把娘娘去日本的口信，帶給太上皇，……讓他安心啊！

玉環：好吧，……仙期……你和阿鑾就留下，不去日本，……不過，……你們，可要送我上船唷！

阿鑾：娘娘，……放心，……我和仙期一定去送行，只是，從此一別也許再也沒有相逢的機會了！……（傷心流淚，馬拿手帕給阿鑾，玉環也不禁流下眼淚。）

藤：貴妃娘娘，願意跟我去日本，……徐夫人，也正好有個伴，……你的使女，也一定跟你同行了。

玉環：我們五個、徐夫人母子兩個，一共七個人，船上有空位嗎？

藤：沒有問題，……貴妃娘娘你能同去日本，……眞是我們遣唐使人員無上的光榮。

玉環：謝謝藤原大使。（行禮致謝）

藤：（返禮）……後天一早，……我們碼頭上見，刷雄向娘娘告辭了。……

玉環：謝謝大使，……再見。

徐：娘娘，……我也回去了，……後天見。

玉環：徐夫人，……再見。

（二人告辭離去）

（阿芳這時突然走向玉環）

阿芳：（哀求）娘娘，……我……不想離開你，……可是我又不想到日本去，……我跟阿鑾姐他們去長安，好不好？

玉環：阿芳，……你不想去日本？……（楞住）……徐夫人和藤原大使都走了，……剛才，怎麼不說呢？

意兒：娘娘，……我也不想去日本，……

玉環：（訝異）意兒，……你也願意留下？

意兒：（點首默然）

玉環：靜子、文郁呢？……你們也不想去日本嗎？

靜子：娘娘，我願意跟娘娘走，……

文郁：娘娘，……你到天邊，我也跟你到天邊，……說什麼，我是不會離開娘娘的，……

玉環：阿鑾，……你怎麼說呢？……阿芳、意兒，……我沒有權可以命令你們一定跟我走，……可是，……我也捨不得離開你們兩個人，……從馬嵬坡逃亡到現在，……我們都是一條心的，……我吃苦、你們也吃苦，……到日本去，是千載難逢的好機會，也是我們唯一的一條活路，……怎麼，……你們竟然要跟我分手呢？……

阿鑾：阿芳、意兒，……你們還是跟娘娘一起去日本，一路上好好照顧娘娘，……侍候娘娘，……吃的、穿的、用的，……娘娘身子又虛弱，途中若是病了，也要你們在旁照顧啊，不是嗎？……

意兒：阿巒姐姐，……既然你這麼說，……我跟娘娘一起去日本，就是了。

（靜子、文郁高興意兒歸隊）

玉環：阿芳，……你還是堅持不去日本，……要離開我嗎？……

阿芳：娘娘，……（哭泣投入玉環懷中）娘娘，……我……也不想離開娘娘，……

阿巒：阿芳，……我也不想離開娘娘，……你還是跟娘娘，到日本去吧！

（阿芳仍在矛盾中）

文郁：阿芳……天下沒有不散的筵席，分久必合，合久必分，……阿巒姐雖跟我們分開了，……將來，還是有重逢的一天的！

阿芳：既然這麼說，娘娘，……我跟你一起去日本，就是了，……

（阿芳、玉環，哭著抱在一起）

——幕下。

第五幕

時：唐至德二年十一月十一日（公元七五七年）

景：日本油谷町海灘邊漁村。

人：楊玉環、文郁、靜子、阿芳、意兒、日本漁民、村婦、日本老人（村長）、藤原不上場，只聞其聲音

幕未啓時：

先傳來海浪聲，越來越大。

巨船觸礁聲、喧叫聲（用日本語）

「啊！船快沉下，快跳水呀！」（跳水聲）

「娘娘，……怎麼辦？……文郁」

藤原：娘娘，風浪太大了……船觸礁下沉了，你和四位宮女，……上救生艇，我和徐夫人歡郎他們，上另一艘「空艫船」去，……

（風浪聲大）

玉環：謝謝大使，……再見。……
（一連串人跳水聲）
旁白：遣唐使返日的大船，共有五艘，其中，有楊貴妃搭乘那一艘船，不幸遇了海上風浪觸礁沉沒了。貴妃娘娘連同四位宮女，被安排坐上空艫船，也就是一艘救生小艇，在大海上隨波飄流……
（海浪因靠近沙灘，逐漸平靜卜來。）
這時，幕才開啓：台上空場。
（海浪聲不斷傳來）
（我們可以看到一個舞台右方有一簡單搭置的草寮，便於漁民在此把船上的漁獲量，分配裝上漁簍，也有二、三桌凳，方便漁民喝茶休息。
台左有一些野波蘿沙灘邊生長的植物，有一兩棵矮樹，可讓漁民晒，補漁網。
天幕打出落日的燈光，一對日本母女漁民前來，收拾晒乾漁網離去。
母：快一點，……太陽落下去了，……要回家去煮晚飯了！
女：是。（上述對白可說日語，用字幕打映出來。）

（母女拿著漁網離去。）

（天空有海鷗飛翔。）

意兒：阿芳，阿芳，……（先上）

阿芳：（意兒先上場，阿芳自後追上）……跑……慢一點，……沒有人在後面追你。

……

意兒：天都快黑了，……我們才靠上岸，……

阿芳：意兒，……上了岸，……我們就有救了，……我們的救生船，一直在海上漂流了幾天哪？

意兒：整整六天啦！你忘了？

阿芳：船上幸好帶了些乾糧，……要不……沒淹死，也快餓死了！

（遠處傳來玉環的咳嗽聲）

意兒：娘娘，……可能受了風寒，染上了感冒，……有點發燒，又咳嗽咳個不停，……上了岸，……我們……先找醫生，……帶她看病去！

（靜子手拿一根粗繩，文郁扶著玉環自台左上。）

文郁：娘娘，……上岸了，……你先……坐下，休息一下，我和靜子去把小船拖上岸，……再說，……阿芳，來……照顧娘娘，……

阿芳：娘娘，……我來扶你，……

（阿芳扶玉環至草寮坐下休息。）

（文郁與靜子去把繩子在一棵樹上綁住。）

文郁：意兒、阿芳，……你們兩人先去找些水和食物來，……娘娘兩天沒吃東西了！……

意兒：我們還不是一樣，……這兒好像是個小漁村，……能找到一家小飯館……就好了！……

阿芳：意兒，……這兒是日本，……你會說日本話嗎？……

意兒：我不會呀，……你吶？

阿芳：我也不會呀！……要是藤原大使跟我們在一起，就好了，……

玉環：阿芳，……

阿芳：娘娘，……你想什麼？……

玉環：我……想先喝水……水最重要！

阿芳：娘娘，…你……安心，……我一定先把水和食物買回來。

玉環：我這兒……還有些銀兩……拿去用吧。（自包袱取出銀兩交給芳。）

意兒：阿芳，……你我都不會說日本話，怎麼辦？……

阿芳：比手劃腳，……你總會吧！……快走吧！……

（阿芳拉著意兒，向台右方下）

（玉環又咳嗽起來，文郁爲之捶背）

玉環：眞想不到，……我們坐的那條大船，……會遇上風浪觸了礁，……沉入大海，……而這條救生小船，……卻漂洋過海，……帶我們到了日本，……

文郁：娘娘，……（摸玉環的額頭）你好像有點發燒，……不要緊吧？……

玉環：可能是在海上受了涼，……海風吹得我有點感冒，……要有醫生，……給我吃點藥，……就會好的！

靜子：這個小漁村，……不知道，……能不能找到醫生？……

玉環：徐夫人和藤原大使坐的救生小船，是不是也靠岸了？

文郁：先是我看見他們的小船，在我們的前面，……後來，……在海上飄了兩天，……就看不見他們了，……也許……他們先靠岸，……也許，他們在我們後面，……現在，還沒靠岸呢？……

玉環：徐夫人，帶著她的兒子歡郎，……不知能否安全靠岸？……我眞替他們母子耽心！……

靜子：我想……有藤原大使在照顧著，不會有危險的！……

文郁：娘娘，……你不是常說：「生死有命，富貴在天」，……有老天爺在，……我們會渡過難關的！……

玉環：文郁，（咳嗽）你說得對，……老天爺，沒讓我死在馬嵬坡，……它會讓我平安靠岸的，……如今，……我們不是平安的靠岸了嗎？

文郁：娘娘，……我記得，你曾經跟我說過：「天無絕人之路」……又說：「山窮水盡疑無路，柳暗花明又一村」……我們既然飄洋過海，大船遇風浪沉了，……我們坐救生小船到了日本，……我們會遇見貴人相助，……活下去的！

玉環：文郁，你說得太好了，……也許，過不多久，……我們的貴人就出現了！……

（正談話間，靜子高叫）

靜子：娘娘，……你看，……阿芳和意兒，……她們回來了，……

（阿芳與意兒，帶了飯團和一桶水自台右上）

阿芳：娘娘，……你要的水，我給你買來了，……文郁，……靜子，……你們也餓了吧，……我買了些飯團，……還有鹹魚乾回來了，……這個地方，……太小了，……根本連小店也只有一、兩家，我們想給娘娘找個大夫來，……結果，……大家都你瞪著我，我瞪著他，說不清楚，……後來，還是意兒聰明，用筆寫了個「醫」字，他們才明白，……

文郁：明白了，……醫生怎麼……沒跟你們一起來呢？

阿芳：他們派人去找了，……我怕娘娘耽心，……所以，先回來了。……

文郁：（又用手去摸一下玉環的額頭）啊，……娘娘的熱度，……好像又比方才升高了些，……

意兒：娘娘，……你先喝點水，……再吃東西！

（意兒先給玉環喝水，其餘的人，也喝水吃飯團，文郁用布浸了水，放在玉環的額頭上退燒。）

文郁：娘娘，……你餓了吧？……要不先吃點東西？

玉環：我不餓，……你們吃吧！

（一日本老人由一日本少女扶著，自台右上）

意兒：阿芳，……給娘娘看病的醫生來了！

（阿芳迎上前，比手劃腳，引老人去玉環面前）

老人：（用日語說）我……不是醫生，……我是村長，……我們村裡，……沒有醫生，……也沒有醫院。…

少女：（也比手劃腳，說日語）他是我爺爺，……我們只會說日本話，……你們是那兒來的？……我和爺爺都聽不懂你們說的話。

（阿芳等面面相覷）

阿芳：文郁，……這怎麼辦？……他好像不是醫生呀！

老人：（日語）對不起，我們走了！

少女：（日語）對不起，莎約那拉！……

（老人與少女向台右方下去）

文郁：阿芳，剛才，你們出去買食物的時候，有沒有看見，附近有沒有旅社？……或是客棧？……

阿芳：沒有耶！……只看見有一個小酒店，……只賣酒，……也住不下我們五個人呀！

文郁：我是擔心娘娘，……她又病著，……總不致於，讓她……在這草寮過夜？……

靜子：是呀，……阿芳，……你想想辦法，……去找人商量一下，……至少，……讓娘娘有個睡覺的地方呀！……我們無所謂。

阿芳：我不會說日本話，方才去找食物，……就碰不了不少釘子！靜子，這回輪到你去為娘娘找住處了！……

靜子：文郁，……你陪我一起去，……說什麼，你也得陪我一起去。

文郁：好吧！（向玉環）娘娘，……天黑了，……我和靜子，……去為你找住處！

玉環：（嘔吐起來）……

文郁：啊，……方才吃下去的全吐出來了。……

玉環：別管我，……你們快去吧！……

文郁：（清理好嘔吐物）靜子，……讓意兒陪你去吧！……我留下照顧娘娘，……看樣子，……娘娘的病越來越嚴重了。……

阿芳：（跪下，哀求上蒼）老天爺，……求求你，……在這異鄉客地，……我們只有求你，……幫我們來渡過難關了，……尤其是娘娘，……（跪下未起來）

（靜子、意兒離去）

（文郁也跪下求天拜地）

文郁：（向地叩頭）天老爺在上，地老爺在下，……貴妃娘娘在世，未做什麼傷天害理的壞事，……求你救助她……脫離苦難，……要不然，……我們四個宮女，……也只能追隨她一起去死了，我們既不懂日本話，……在日本又沒有半個親朋好友，……擺在我們面前的，……只有死路一條呀！

（燈光慢慢的暗下來了）

（遠處傳來歸鴉噪聒的叫聲）

（悲慘淒涼的「清平調」琵琶主題曲升起）

（阿鑾的歌聲唱著：「雲想衣裳花想容，春風扶欄露花濃，若非群玉山頭見，會向瑤台月下逢，一枝濃艷露凝香，雲雨巫山枉斷腸，借問漢宮誰得似，又憐飛燕倚新妝，名花傾國兩相歡，長得君王帶笑看，解識春風無限恨，沈香亭北倚闌干。」一曲唱畢前，舞台上台右方，出現一盞燈籠自遠而近）

（阿芳與文郁仍跪著）

阿芳：文郁，……你看，好像有人來了。

（靜子與意兒提著燈籠自台右方上）

文郁：（起立）啊……是靜子與意兒回來了，……你們爲娘娘找到住處了？……

靜子：是意兒和我向他們磕了不少頭，才答應的，……娘娘，……我們已經給你找到了住處了，……你走得動嗎？我和意兒來扶你一起去，……要走不少路啊，意兒，來幫忙扶娘娘起來。……

意兒：啊，……娘娘，身子都冰冷了，……（摸鼻子）……娘娘，……她已經走了。……

（急驟配音升起）

文郁：什麼？娘娘已經走了！（伏屍大慟）

（其餘三人，也痛哭失聲）

衆：娘娘，……娘娘。（哭成一團）

（燈黑暗轉，燈籠的蠟燭也吹熄了。）

（燈再亮時，台上空無一人。那根綁在樹上的繩子不見了。）

（海浪聲一陣陣傳來）

旁白：楊貴妃病死在油谷町後，追隨她一起逃亡流浪到日本去的四個宮女，因在日本無人投靠，也先後殉葬，先是文郁、意兒用那根繫救生船的繩子，上吊自殺，接著是靜子，用刀割腕自盡，最後是阿芳，她用舌頭咬斷了舌根，結束了自己的生命，當地古廟裡的和尚，把她們五個人屍體，葬在一起，取名「五輪塔」，中間的石塔較高，葬的是貴妃娘娘，四週四個石塔較小，葬的是四個宮女。五輪塔的後面，有一幢房子，裡面供奉了兩尊菩薩，一尊是「釋迦如來」，另一尊是「阿彌陀如來」。是謝阿蠻、馬仙期回到長安，稟告唐明皇後，唐明皇特別派人送到日本去的，如今，在日本的楊貴妃墓地，取名叫「二尊院」，也就是這個原因。近年來，有不少觀光客專程去該處膜拜憑吊。眞如白居易寫的「長恨歌」

中的詩句：

「天長地久有時盡，

此恨綿綿無絕期。」

——（全劇終）

（二〇〇三年三月十七日初稿）

（二〇〇三年四月十五日修正）

楊劇寫作參考書目及資料

新唐書
舊唐書
資治通鑑
白居易：長恨歌
陳　鴻：長恨歌傳
柏楊版：資治通鑑
南宮搏：楊貴妃（小說）
洪　昇：長生殿（戲曲）
李則芬：楊貴妃之冤
姜卓俊：日本有座楊貴妃墓

君達編：中國皇帝列傳
陳德來編：中國四大美女
丁鳳麟、金維新編：中國歷史未解之謎
野　叟：閒話荔枝
朱西寧：馬嵬坡上
汕頭音像總公司：「楊貴妃外傳」錄影帶
王春南：楊貴妃的死因
郭嗣汾：楊玉環流落在海外嗎？
溫德文：楊貴妃到底有沒有死在馬嵬坡？
葛賢寧：長恨歌新解。（發表於民國四十六年六月出版之「文史」月刊創刊號）
俞平伯：「長恨歌」及「長恨歌傳」的傳疑。（民國十八年小說月報，第廿卷第二期刊出。）
渡邊龍策：《楊貴妃復活秘史》（中譯本七十二年二月出版，由閻肅翻譯）
譚甄適：楊貴妃新傳（小說，八十二年七月出版）

賈恩洪：破繹「長恨歌之謎」（考證）七十八年十二月文史哲出版
姚一葦：馬嵬驛（舞臺劇）七十八年五月九歌列入「中華現代文學大系戲劇卷下册出版」
朱順官：提供大陸新編「貴妃東渡」崑劇光碟片上、下兩片
夏　煒：中國五大美女傳（小說）八十二年一月漢欣文化公司出版
殷登國：千古名女人（小說）七十八年八月世界文物出版社出版
李麗卿：楊貴妃（小說）七十五年一月金逸圖書公司出版
何顯斌：到油谷町參見貴妃娘娘，八十三年八月廿三日中國時報刊出
林明德・陳慈玉・許慶雄合著：日本歷史與文化，八十一年六月空中大學出版
長恨歌：（日文）阿部閑爺，一九八八年出版
楊貴妃：（日文）村山吉廣，一九九七年出版
レインボー中國語：（日文）張仁政、關久美子、唐雋、葉言材、林秀娟編
其他有關「楊貴妃之書刊、圖片

「李商隱之戀」寫作經過

姜龍昭

李商隱，字義山，又號玉谿生，是晚唐一位極出色的大詩人。他的詩沈博絕麗，獨闢蹊徑，淒美婉約，雋永清新，千餘年來，受人喜愛，歷久彌新。

他一生坎坷，經歷晚唐朋黨之爭的傾軋，可謂受盡在夾縫中求生存的折磨。在愛情方面，卻多采多姿，但又似隱藏一些難言的苦衷。他留下的「艷情詩」、「無題詩」，綺麗而淒美，婉約而不膚淺，唯辭意隱晦不明，令人困於索解，難以猜透。

國內治李義山詩文者，不下十餘家，其詩箋註，清時有馮浩箋玉谿生詩，樊南文集詳註，錢振倫、錢振常註、樊南文集補編。近有朱鶴齡註李義山詩集、朱偰李商隱詩詮，在大陸有吳調公者，研究李義山達五十年之久，完成了「李商隱研究」一書，尤為精闢。

唯最難得的是蘇雪林教授。她在民國十六年，於蘇州東吳大學執教時，授課之餘，因深入研究李商隱的詩，先發表了一篇論文，繼而她自述在查證古籍中有如發現了一塊「鑛苗」，經一再鑽研挖掘開鑿，是年出版了一本「玉溪詩謎」，把李義山生前一些隱僻晦澀的詩謎，找出了明確的解答。

原來年輕時候的李商隱，曾先愛上過一個名宋華陽的女道士，後來，竟然與深宮中皇上的一對姊妹花宮嬪，有所接觸，陷入感情的深淵，難以自拔。

在當時的封建時代，這種愛情，一旦曝了光，不但自己的腦袋要搬家，甚至可以連累整個家族，他當然要儘量保守這份秘密，但身爲詩人的他，又無法克制自己不用詩來宣洩心靈深處的眞情，故乃有一些「無題詩」，留傳於後世。

這份奧秘，只有細心研究的文學家，才能探索找到鑰匙，開鎖進入堂奧。蘇雪林教授一甲子前出版的「玉溪詩謎」問世後，首蒙當時文學家曾孟樸先生（筆名東亞病夫）的讚譽，接著在學術界也跟著引起廣泛的論辯。卅年後，不少學者撰寫了不少論文發表，也有結集出版單行本者。有人頗表贊同蘇說，有人則表示反對，認爲不可能發生這樣的戀情。

這引起了蘇雪林教授繼續探尋考證的興趣。又經過了漫長的卅年，她又陸續找到不少新的佐證，使她對玉溪詩謎的解答，有了更爲紮實的精闢說明，民國七十五年，她在商務印書館又出版了一本「玉溪詩謎續篇」，內容較正篇益爲豐富。

不久，「玉溪詩謎正續合編」出了合訂本。前後歷時一甲子之久，這種情形，在出版界而言，可謂是一「異數」；在學術界來說，更可算得上是一「奇蹟」了。

我與內子柯玉雪，因著研讀這一本「玉溪詩謎正續合編」，觸發了編寫「李商隱」舞臺劇本的想法。因爲，許多歷史人物，都有人編寫過舞臺劇本，而「李商隱」卻從無有人寫過。民國五十七年，商務印書館曾出版過我的電視劇選集：「碧海青天夜夜心」，但僅是取李商隱的詩句，作爲書名而已。有了這樣的念頭，從民國七十九年開始，先研讀蘇著，勾勒出劇中應出場人物，再參閱其他有關李商隱的各種書籍，對他的身世、家庭背景、詩文作品、交往友朋，以及時代動脈作通盤之瞭解，最後依據其年譜，決定劇中的取材範圍。

爲求符合史實，不草率著筆，乃與內子柯玉雪專程搭車南下，赴台南蘇雪林教授寓所登門聆教。蘇教授雖已九十餘高齡，耳朵有些重聽，但我用筆在紙上寫明造訪來意後，她一聞提起李商隱來，立刻神采飛揚，滔滔不絕，爲我倆敘述她當年考證之經過，並勉勵有加，希望早日樂觀其成。

在她的熱情支持及剴切相助下，我與玉雪合作，先完成了李商隱的廣播劇本，取名：「錦瑟恨史」，於八十年十二月一日，在漢聲廣播電臺「千古風流人物」系列廣播劇中播出，八十一年六月，該廣播劇並由「文史哲出版社」出版了單行本。

廣播劇的長度爲五十分鐘，而舞臺劇的長度，至少爲二小時，加上舞臺劇又有場景的限制，原想把李商隱一生中，他深愛的三個女人：宋華陽、盧輕鳳、妻子（王茂元之次女）王氏，均納入劇中，但左思右想，幅度過長，困難重重，最後，只好化繁爲簡，集中在輕鳳一人身上。

爲了配合劇中，有一段道士作法唸經趕鬼的情節，我又參閱了「道壇作法」「道門子弟早晚誦課」等書籍，更專程走訪了三教養聖堂的郭慶瑞導師，荷蒙他熱心教導，受益良多。

經過好幾個月的案頭作業，於八十一年十一月，終於完成了本劇的初稿。惟恐臺詞、結構、情節諸方面，有所舛誤，特複印多份恭請蘇雪林教授、王方曙教授、王紹清教授，以及戲劇界吳若先生、鍾雷先生、賈亦棣先生、貢敏先生等過目，賜予教正。

通過諸先進的細心核閱，果眞挑出了不少缺點與疏誤之處，有的逐字逐句，細加推敲，有的提出原則性的修改意見，我一一虛心接受，其中第一、五兩幕，還重新刪節改寫。脫稿後，參加教育部八十一年文藝創作獎舞臺劇本類之應徵，倖獲入選，成爲我歷年參加教育部應徵劇本，繼「金蘋果」、「國魂」、「母親的淚」、「淚水的沉思」後第五部得獎劇本。

得獎後，因未有戲劇團體，演出這個劇本，我乃又細心的將之改編成上、下兩集的「廣播劇」，於八十二年六月十二日、十九日，分兩次，在中廣第二調頻網播出。臆想不到同年十二月，該劇獲中華民國編劇學會投票表決，通過頒給最佳廣播劇編劇「魁星獎」。爲此，我還專誠又驅車南下，將錄音帶播給體弱重聽的蘇雪林教授聆聽，她仔細收聽後表示，無瑕可擊。

但我自己，對舞台劇本第一幕，雖修改多次，仍不覺滿意，因有人認爲戲的衝擊力不夠強，也有人建議我不妨加寫「序幕」及「尾聲」，以加強全劇詩的氣氛，爲了改寫第一幕，我不斷進出中央圖書館，及各大書店搜集有關唐史上「甘露之變」的素材，經過了一年多的努力，終於八十四年三月間，完成了第四次的修訂稿，讓我鬆了一口氣。

在這一年多時間中，我看了高陽先生寫的「鳳尾香羅」小說，我覺得他的取材，缺乏考證依據，又看了香港能仁學院文史研究碩士白冠雲女士所寫的「李商隱艷情詩之謎」的專著，她完全肯定了蘇雪林教授的看法。

白冠雲女士的這本專著，曾經香港大學黃康顯博士、陳英豪博士審查通過，並蒙此間國立中山大學張仁青博士推荐而出版，張仁青博士是公認研究李商隱詩作的權威學者，而白女士撰寫此書參攷之書目，包括香港，台灣，大陸三地各書局及雜誌報刊所發表有關李商隱之論著，達五十一種之多，眞可謂洋洋大觀。

爲求瞭解舞台劇演出時，鼓瑟之情景，我又特地走訪台北能彈古瑟的專家魏德棟教授，蒙他不厭其詳告知我有關「錦瑟」與「瑟」之種種學問，他告訴我瑟這一種彈弦樂器，歷史久遠；要稱「鼓瑟」不能稱「彈瑟」。「儀禮」記載，戰國至秦漢之際，盛行「竽瑟之樂」，魏晉南北朝時期，瑟是伴奏相和歌的常用樂器，隋唐時期用于清樂，以后只用于宮廷雅樂和丁香音樂。目前，在台灣會彈古筝者較多，能「鼓瑟」者找不出幾人，唯魏教授向我表示，來日，若有團體有意演出此劇，他可以提供此項樂器，並願指導七種不同的演奏方法。

我也曾請作曲家，希爲李商隱「錦瑟」這首詩譜上樂曲，以便演出時，可以演唱，但一些作曲家，皆忙于作流行歌曲，使我未能如願，頗爲遺憾。

蘇雪林教授爲考證李商隱的戀愛事蹟，前後歷經了六十年一甲子之久，回顧我卅四年開始寫作迄今，前後也已屆滿五十年，五十年中，雖出版了不少：電影劇本、廣播劇本、電視劇本、小說、評論、考據文字，但近年來，我最偏愛的，仍是舞臺劇本，因其可以經得起時間的考驗，一經出版成書，不僅

三、五年內，可以演出，十年、廿年後，仍有演出的可能。莎士比亞的不朽，因至今仍有人演出他的舞臺劇本，不像廣播劇、電視劇、電影，播演完了，就消失了蹤影。

李商隱是中國晚唐傑出詩人，他生前這一段鮮爲人知的戀愛悲劇，我深盼靠著蘇雪林教授的考證，以及本劇的英譯出版演出，能傳諸後世，爲人所熟知，俾與民間傳說的「梁山伯與祝英臺」相互媲美，永垂不朽。

「李商隱之戀」劇本

時間：唐文宗太和九年至唐宣宗大中十二年（公元八三五—八五八）
序　幕—唐宣宗十二年冬。（公元八五八）
第一幕—唐文宗太和九年冬。（公元八三五）
第二幕—距第一幕十天後。（公元八三五）
第三幕—唐開成二年（公元八三七）春至夏
第四幕—唐開成四年冬（公元八三九）
尾　聲—唐宣宗大中十二年（公元八五八）

地點：鄭州、長安、曲江

佈景：可全部採用抽象方式設計，亦可用寫實方式設計。

一、序幕、第一幕與尾聲：李商隱家，採竹籬茅舍佈置。舞台正中是大門，進門後是院子，種植有樹木。序幕尾聲均下雪，樹爲枯枝有積雪更佳，舞台上是堂屋，舞台兩邊通內室，李商隱居右處，其母居左處，堂屋內簡單鄉間桌椅，可供坐談飲酒，長几供讀書、寫字、鼓瑟之用。

二、第二幕：長安皇宮內輕鳳寢宮，正中置門供出入，門外有走廊，台上右方有一門通臥室，屋內有桌椅、長几可供道士唸經，點香燭、燒符、放供品，另有長几，供鼓錦瑟用，另有宮殿大圓柱、布幔、宮燈等飾物，有皇宮氣氛。

三、第三幕：李商隱長安居處，台右爲進出入大門，台左有門通內屋，有古色古香窗櫺，傢俱陳設較有城市氣派，太師椅、燭台，及書架，有書卷氣，牆上可掛字畫。

四、第四幕：離宮輕鳳居處，與皇宮內居處，略有不同，格子窗可看見屋外之山水景色，門外有迴廊，屋內有櫃子、抽屜櫥及梳裝台，大門外可見羽林軍站崗情景，宮殿之圓柱、布幔、香爐、宮燈、道具可與上景通用。

人物：李商隱——字義山，是晚唐傑出之詩人，本劇第一至四幕，他方青春年少，廿四歲至廿八歲之間，談戀愛時，神采煥發，序幕、尾聲時，他已四十七歲，有鬍子，憔悴蒼老，當年即病逝。

韓畏之——字瞻，是李商隱的同科進士，年齡相若，相交甚深，唯仕途順利，家庭幸福，序幕尾聲出場，已四十餘歲，留有鬍子，精神飽滿，與商隱成強烈對比。與商隱是連襟。

李　母——商隱之母親，年四十餘歲，生有四女三男，商隱爲其長子，上有三姊，一夭折，二早嫁，李父於商隱十歲時去世，獨力照顧一家子女長大，頗爲能幹，略通詩書。

李慶宇——商隱之小弟，二人相差七歲左右，出場時，約十六歲至廿歲。

令狐綯——是商隱恩公令狐楚之二公子，與商隱共遊同讀，一起長大，二人有很好的友誼，是富家子弟，服裝華麗，談吐有禮。

劉從政——是商隱在玉陽山學道時之師父，道教中人，穿道士服唸經，作法趕鬼，有模有樣，十足道教中人。

田中尉——神策軍之軍官，狐假虎畏型人物。

神策軍——兵丁多人。

家　丁——令狐綯家佣僕二人。

盧輕鳳——唐文宗之宮嬪，與商隱同年，愛好文學，天眞可愛，有高貴之氣質，其處境之寂寥，令人憐愛同情。

盧飛鸞——輕鳳之親姊姊，年略長一歲，但較成熟穩重，常理智應對一切，不會過份衝動。

彩　玉——輕鳳身邊之貼身宮女，約十七八歲，機伶輕俏。

楊賢妃——唐文宗寵愛的愛妃，面善心惡，有蛇蠍美人，笑面虎之稱，年約卅歲，體弱、陰狠在骨子裡。

殷公公——楊賢妃身邊之宦官，約四十餘歲，奴才型。

來　喜——侍候鳳娘娘的小黃門，年約十五、六歲。

李執方——金吾將軍，年約四十餘歲，有鬍子，不穿盔甲上場，爲人熱心，有長者風。

羽林軍——四、五人左右，穿羽林軍服裝。

序幕

時：唐宣宗大中十二年冬。（公元八五八年）
景：李商隱家，冬天下雪，樹枝有積雪。
人：李商隱四十七歲，白髮蒼蒼，面容蒼老，韓畏之，亦四十餘歲，卻精神抖擻。
幕啓時：
二人相對坐在屋內，桌上有酒、小菜，在對酌，屋外有飄雪。
商隱放下酒杯，鼓瑟吟詩。（音樂起）
商：（吟起「錦瑟」詩來）「錦瑟無端五十弦，一絃一柱思華年，莊生曉夢迷蝴蝶，望帝春心託杜鵑。滄海月明珠有淚，藍田日暖玉生煙，此情可待成追憶，只是當時已惘然。……」（嘆息聲）唉，……已惘然……
韓：義山，你又想起了什麼難忘的往事，……在這下雪的夜晚，不妨暢開胸懷，……好好的聊一聊！……
商：（沉緬往事）畏之，時間過得眞快，一眨眼，廿多年，就這麼飛也似的過去了，還記得當年我們初相識的時候，還只是廿多歲的小伙子，如今，卻已兩鬢斑白，垂垂老矣。
韓：義山，你今年才四十七歲，怎麼可以說垂垂老了呢？

商：畏之兄，我倆是同科進士，可是，我的仕途，卻不如你的順利，我的家庭，也不如你的幸福，廿多年的變化，……太大了，使我身心交疲，可能不久人世了。（遠處歸鴉飛過聲）

韓：義山，……你怎麼老氣橫秋，說這樣的話呢？……記得，你廿歲時，曾上玉陽山，去學過「道」，如今，人到了中年，卻又忽然信起「佛」來？……我聽說，你經常去廟裡唸經、參禪、禮佛，是嗎？

商：是啊，我在東川的時候，專誠拜了「知玄大師」爲師，聽他講解佛經，深感自己這一生，……眞是罪孽深重。尤其是……年輕時候，那一段往事，盤踞在心裡，……隔得越久，越難以忘懷……

韓：義山，既然如此，叨在知交，又是連襟的份上，何不一吐爲快。

商：（考慮了一陣，舉杯向韓）畏之，……那……要怎麼說呢？……（稍頃）……先乾了這一杯！

韓：好，乾了這一杯！（二人乾杯）

商：……這些陳年往事，說出來，心裡也許會好過些，……只是（嚴肅的）務請你要代我保守秘密，……答應我別說出去！……

韓：好，……我絕不說出去！

（配音樂瑟聲起，燈光漸暗，幕漸下，黑暗中，商隱的述說繼續著，直至第一幕開始）

商：記得那……一年，是太和九年，我廿四歲，已離開了玉陽山，不再學「道」，決心發憤苦讀，再次參加進士的考試，謀取功名，……朝廷上，卻發生了血腥屠殺，駭人聽聞的「甘露之變」，……畏之，你不記得了嗎？

韓：好可怕的「甘露之變」，眞像一場噩夢，我怎麼會不記得呢！

（配兵器打鬥搏殺聲，慘叫聲）

（急驟，慌亂的音效升起）

（幕徐徐降下）

第一幕

時：唐文宗太和九年冬天（公元八三五年）甘露事變後不久，序幕前廿三年。
景：李商隱家。
人：李商隱、李母、韓畏之、李慶宇、令狐綯、劉從政、僕人、神策軍田中尉、神策軍兵丁多人。
幕啓時：
是下午時分，已沒有在下雪了。
場上已無商隱、畏之，只見李母在打掃庭院。
掃了一陣子，再收拾桌上序幕留下的酒杯、碗筷、擦拭桌子。
這時，小弟慶宇，氣喘吁吁的自外推開竹門進入，返身把門關好，奔向母親稟告。
母：慶宇啊，……你……怎麼這麼早，就收工回來啦！
宇：娘，……不好了，……胡大爺家出事了？……
母：出什麼事？……你快說呀！
宇：胡家大少爺，……給京城來的一批神策軍給帶走了，……說他父親是朝中的叛逆，……和當朝的大臣賈餗（音速）有交往，……爲了斬草除根，……他父親已經被腰斬示衆，……他兒子、孫子，也難逃一死……家財全都被充公了！……

母：胡大爺一向樂善好施，……怎麼會碰上這樣的事！……眞是天下要亂了！……

宇：我聽街上的人說，皇上，自從前兩年中風以後，行動不便，早就……管不了什麼事，現在一切全由仇士良那些宦官在掌權作主！……

母：慶宇，這麼說，這幾天，外面這麼亂，你還是少出去走動。……免得惹禍上身。

宇：娘，……我還聽說，這一次京城裡發生的「甘露之變」，是禮部侍郎李訓策動的，原意是想幫助皇上，清除那些弄權的宦官，……想不到、事機不密，反讓弄權的宦官頭子仇士良抓到把柄，倒過來挾持了皇上，……關上宮門，亂殺朝中的忠貞大臣來洩憤，……連年紀已過了七十歲的宰相王涯，也因受刑不過認了罪，被他們殺了頭。……李訓雖逃到終南山，但仍被神策軍抓到正了法，那些人的親屬，不論遠近都被處死，連三歲的孩童，也不放過，有些做官的先服毒自殺死了，還被挖了墳墓，把屍骨拿出來，丟到河裡去餵魚蝦。……娘，……你說可不可怕！……

母：這樣說起來，……這個弄權的宦官頭子仇士良，……比先朝的魚朝恩還可惡！……皇上也眞沒用，……盡被這些小人包圍，還能做什麼呢？……

宇：是呀，娘，……

母：對了，你的三個哥哥呢？怎麼，一個也不在家？

宇：二哥，三哥都去趙大爺家幫忙打工去了，大哥，……不是去錢大人府上抄書去了嗎？……

母：我擔心的，是你大哥，……他呀，爲了沒有能考上進士，老是喜歡發牢騷，批評朝政，……尤其是對那位宦官仇士良，常聽他罵他弄權亂政，比先朝的高力士，魚朝恩還跋扈，……這些話若被人傳了開去，……也拿他當叛逆來辦，……那就慘了！

宇：娘，……大哥沒做什麼官，……我們家又沒有什麼錢，……不用害怕！……沒人會注意他的！

（正談說間，傳來一陣急迫的敲門聲）

（緊張的音效升起，母子張惶失措）

母：慶宇，不忙開門，……不會是神策軍上門來抓人了吧！

宇：（膽怯的上前）請問，是誰？

韓：（門外）小弟，是我呀，……你大哥在家嗎？

母：（鬆了一口氣）是韓公子，……慶宇，去開門。……

（慶宇開門，迎韓畏之入，注意韓改年輕裝扮，服裝也要換過）

韓：伯母，您好，……義山，在家嗎？

母：韓公子，我家老大，他不在家，……也許一會兒就回來了，……你請坐，……慶宇，快去錢大人府上，把你大哥叫回來。……

宇：是，娘，……我這就去。……（下場）

母：（爲韓倒了杯茶送上）韓公子，……請用茶。……坐。

韓：伯母，不用客氣。……今兒我來，是有個消息，……要告訴義山。……

母：什麼消息？……可以告訴我嗎？

韓：伯母，以義山的聰明才智，考取進士，……應該是垂手可得的，……怎麼會考了兩年，都落榜呢？……伯母，你也許不清楚，當今官場有些陋習，要想考上進士，……要嘛向主考官送銀子，打通關節；要嘛，事先找人去「行卷」！

母：「行卷」？……什麼叫「行卷」？

韓：「行卷」，就是想考進士的舉子，先把自己作的詩文，求教於當朝的王公大人，請他們看了以後，爲之吹噓一番，向主考官推荐，這才有登弟的機會，否則……想都別想！……

母：噢，……原來是這樣的！

韓：伯母，你知道去年，那個叫裴思謙的，怎麼會考上狀元的嗎？

母：我那會知道！

韓：我最近聽人說：他是靠著宦官仇士良的關係，向主考官高鍇高大人，打了招呼，……才高中狀元的！

母：仇士良，連考狀元，他都管得着嗎？

韓：傳說仇士良，跟高鍇都講明了，不但要保證考取，而且還非中「狀元」不可，……高大人，還敢不聽從嗎！……

母：照這樣說起來，義山，……也不用再去考試了！……

韓：伯母，……你也不用洩氣。我聽說那位主考官高鍇高大人，和義山的恩師令狐楚的二公子令狐綯，很熟悉，還常有來往，而義山和令狐綯又是多年相交的好友，託他在高大人面前「行卷」、「推荐」的話，……我想明年「春試」，準可以「金榜題名」！……

母：韓公子，……眞是這樣嗎？……

韓：只要義山肯開口，……我可以保證，……他一定可以如願以償！……只是，我擔心義山的個性，……他恐怕不願意這樣做！……

母：等他回來，……我來跟他說！……這件事……對義山來說，……眞是太重要了！……

韓：對了，我還忘了告訴伯母一件事，……您也該，……好好勸勸義山，……眼前，……仇士良的耳目，到處都有，外面人心惶惶，人人自危，……神策軍到處亂殺無辜，義山還是謹言愼行，明哲保身重要，千萬別再隨便亂寫些不合時宜的「詩」，……爲自己找麻煩！……

母：韓公子，……義山，……最近寫了什麼不合時宜的詩？……我一點都不知道！

韓：伯母，……自從朝廷發生「甘露之變」以後，……這十幾天來，朝中一些忠貞不二的大臣，都被無辜的斬殺了六、七百人之多。賈餗、王涯、李訓、刑部侍郎舒元輿都被因此腰斬送了命！……連地方上，一些有錢的富戶，和朝中官員有交往的親友，也被株連，遭了池魚之殃！……想不到義山，竟還寫了二首議論的詩，說甘露事變，人神共憤，深望天子清除奸佞，以安天下人心！……

……這若是讓仇士良知道了，不太「危險」了嗎？

母：（駭極）唉！………（頓足）這孩子………怎麼這樣不知輕重！………可以寫這樣的詩呢！………不知他放在那兒，………趕快燒了才好！

韓：伯母，………他寫給我看以後，我隨手就把它撕了，………不知道，他有沒有拿給別人去看！………

母：商隱，………這孩子………凡事，喜歡仗義執言，………唉，………這樣的個性，遲早會出亂子！………

（正說時，慶宇與義山自外回家，上場後慶宇到後房去，下場。義山改年輕裝扮，服裝與序幕不同）

商：娘，………畏之兄，………勞你久等了！………

母：商隱，………方才韓公子說，你寫了二首議論「甘露之變」的詩，………放在那裡，………快拿來，給我看。………

商：娘，………您怎麼啦？………你很少看我寫的「詩」的！

母：快去拿來，少廢話。

商：（自書架上找出詩稿呈上）娘，………在這兒。………

母：（接過詩稿，仔細看了一遍，將之撕個粉碎）………

商：（驚訝）娘，………您………怎麼把它撕了？………

母：娘，………是爲了保住你這條小命，才撕的，………你只是逞一時之快，………不怕那些神策軍，把你抓去，砍了你的腦袋嗎？

商：娘，……孩兒是心有不平，……，有感而發！……

韓：義山，際此人心惶惶之日，……伯母，全是爲了你的安危著想！……

商：畏之兄，……今兒你來，……就是爲我寫的這兩首詩而來的嗎？……

韓：義山，……你我兄弟，是無話不談的，……你的個性，心思，……我完全了解，……年青嘛，免不了年少氣盛，……但是，這兩首詩，一旦，落入奸人之手，……那就惹火上身，……後悔莫及了！……

商：畏之兄，……我自己寫的詩，……我願意爲之負責！……

韓：義山，……我是一片好意，……才來奉告的，……天色不早。我告辭了，……改天，……再來找你聊，……伯母，……再見。……

母：韓公子，謝謝你的好意，……不送了。……

商：（目送韓離去）畏之，……改天，我去看你。……

（韓走後義山送出門外，將門栓上，母叫住義山）

母：商隱，……你先坐下，娘有話要和你說。

商：娘，……（坐下）……還有別的吩咐嗎？……

母：商隱，……韓畏之，方才說，主考官高鍇高大人，和令狐綯很熟悉，常有來往，你若眞想考取進士的話，可以拜託令狐綯，在高大人面前「行卷」、「推荐」，……明年「春試」，就一定可以

「高」中！……

商：娘，雖說，子直和我是知無不言的好友，但是，爲了考取功名，要我專誠去京城，拜託他，向主考官高大人「行卷」推荐的話，……我是絕不會開這個口的！

母：商隱，……你知道，去年，那個裴思謙，是怎麼會考上狀元的嗎？……他就是……派人，向高大人，……打通了關節！……

商：娘，……別人怎麼做，我沒法去管，……要我爲了自己想考取功名，……去走旁門左道……我李義山，絕不去做！

母：你去試一試，也不行嗎？……子直，他不會笑你的！……

商：娘，……您別說了！……我不想去「試」，……眞要這樣做，……成功了，……我也一輩子會抬不起頭來的！

母：（嘆息）唉，……商隱，你這樣不肯低頭的倔脾氣，將來吃虧的，還不是你自己。……

（此時，突門外傳來了一陣搥門聲）

田：（在門外）快開門，……聽見沒有？

商：（上前問）誰？……

田：我姓田，……是神策軍的，……快開門呀！……

（母聞聲，急拉商隱，去後面躲一下，他不聽，非但不躲，反挺身去開門，田中尉及兩名神策軍

士進入。慶宇聞聲自內出，上場）
商：請問，軍爺，……有何公幹？……
田：奉了，右驍衛大將軍仇士良之命，前來搜捕叛逆餘黨！……（命令手下）快進屋去搜！
兵：是。……（分別推開商、母、宇等人，進入內屋）
母：軍爺（跪下哀求），……民婦家孤寡渡日，……一貧如洗，……那會勾結朝中的叛逆？……
田：起來，別來這一套。（母起立）
（二兵士先後自內屋走出）
兵甲：稟告中尉，……內屋並無他人！
田：（問甲）仔細搜查過了嗎？
兵甲：仔細搜查過了。
田：（問乙）你怎麼說？……
兵乙：箱櫥，都搜遍了，……藏不住人！……
田：你們說實話，……姓什麼？……
商：姓李，十八子李。……
田：（奸笑）好極了！……我就是要找姓李的，……（手指義山）你叫什麼名字？
商：（不卑不亢）我名商隱，字叫義山。……

田：說實話，，……你跟「李訓」，……是什麼關係？
商：在下與李訓，雖爲同宗，……但素不相識。……
田：有一個名叫宗密和尙的，……是不躲在這兒？……
商：是終南山的主持宗密高僧嗎？……他是個出家人！……怎麼可能躲在這兒呢？……
田：他是李訓的餘黨，……聽說已逃下終南山，躲了起來，……李訓，那個挑起「甘露事變」的叛逆，我們已經砍了他的腦袋，宗密和尙，也休想逃得出我們神策軍的手掌心！……
商：軍爺，……李訓經已伏法，……宗密和尙乃是一出家之人，……慈航普渡，……你們何不放過了他！……
田：嘿！（冷笑）你倒說得輕鬆，……要我們放過了他！……（突然發現地上撕碎的詩稿，撿拾起來，拚湊著看）
（緊張音效升起）
田：（邊看拚紙，邊唸出）……「古有清君側，……今非乏老成……」這是什麼意思？……
母：軍爺，……這是孩子們寫了丟棄不要的字紙，……你看，……都撕碎了，……還沒掃走，……您千萬別誤會！……在意啊！慶宇，……還不快拿掃帚來，把地掃一掃！……
宇：是，娘！（取掃帚來掃地，母欲取去田爺手上的碎紙，田不給）
田：想不到，「甘露事變」以後，朝廷上，有人不怕死，向皇上上了奏章，要「誓死清君側」，……

如今，在民間，……也有人寫出：「清君側」的詩句，來唱和！……（走至義山面前）你老實說，……這詩句是不「宗密和尚」所寫？他一定就在這附近窩藏著！……你若能向我供出他的藏身之處，……我不爲難你。

商：宗密和尚，藏身在那裡？我不知道。……方才你們不是已經仔細搜查過了嗎？……他眞的不在這兒。軍爺，何不再逐戶查問呢？……

母：是啊，……軍爺，……我們眞的不知情！……

田：好，……我會繼續去逐戶搜查的。……不過，……這首詩，……一定也不是他寫的囉？……那……是誰寫的？

（氣氛凝重）

宇：（代哥認罪，壯膽上前）是我隨手寫的，……寫的不好，我把它撕了！……

田：（懷疑，打量其年紀）你隨手寫的！……你是誰？你再寫一遍給我看！……

宇：（爲難地）……

商：小弟，……走開。……是我寫的，……有感而發，……可是，……這不已經……撕了嗎？……

田：你承認是你寫的詩，……很好，……大丈夫，敢做就敢當！……來人哪！……將他帶回去問話！

兵甲：是。（二人上前欲押商走）

母：（急，上前哀求攔住）軍爺，……求你放了他，……我兒子……他年輕不懂事，……您千萬別認眞！……

田：公事公辦，……我不能不認眞，……（推開母）老太婆，滾開，……別擋路！

宇：（上前拉住）大哥！……

（兵甲、乙仍欲押走商，正此時，忽聞敲門聲，有馬車鈴聲響起，馬蹄在竹門外停住，……）

母：慶宇，……快去看看，門外誰來了！……（宇奔去開門）

（兩個僕人抬了箱盒，禮物，還有食米麻袋自外進入）

僕人：李家公子，在家嗎？……

宇：（奔入）娘，……大哥，……令狐家的二哥來了！……

商：是令狐家的綯哥來了嗎？（高興的欲掙脫迎客，但仍被拉住。田肅目外望，僕人等將禮物送入堂屋內放下後退出，這時身穿錦衣官服的令狐綯，自外進入，看見田及兵丁，訝異地問母）

綯：伯母，……您好，……義山，……怎麼？……發生了什麼事？……

母：子直，……你來得正好，……這位軍爺，……有一點誤會，……要將商隱帶走問話呢！……

綯：啊，……什麼誤會？……

商：（捽開兵丁的手）子直兄……我來給你介紹，……這位是神策軍的田中尉，……奉命來搜捕與叛黨李訓有交往的宗密和尚，……這位是我恩師令狐楚將軍的二少爺令狐綯公子。……令狐楚將軍，如今在朝廷官居左僕射，在中書省皇上身邊參決機務重任，軍爺，與之相識否？

田：（知來者官位不低，立即改了口吻）令狐公子，卑職久仰令尊大名，無緣相識，……眞是失敬失敬。……

綯：田中尉，……不用客氣，……小弟甫自京城來，路途上風聞神策軍四出搜捕朝廷叛逆餘黨，……十分辛苦，……摯友義山，自幼與小弟一塊兒長大，……想必定是冒犯了閣下，……才有所誤會！……

……

田：……那裡，……沒什麼！……卑職，只是奉命追捕宗密和尚，……才有所造次，……李公子，……

……希勿見外，……令狐公子，卑職還得去別處搜查，……恕在下失禮，告辭了。……（向兵甲、乙）別爲難他，……我們走吧！

（田放過商隱，率神策軍等出門下場）

綯：義山，……方才，究竟是怎麼回事？……

商：我只是看不慣那些宦官的作爲，隨筆寫了兩首詩，……想不到會引起這些麻煩！

綯：你剛正不阿的個性，我最清楚，……可是，這年頭小人得勢，……還是愼言謹行，才好。……

母：子直，……眞過意不去，每次你來，……都帶這麼多東西來，……

綯：伯母，……只是些日常用品，……也是家父命我送來，……

母：令尊近來福體還康泰吧？

綯：謝伯母關心，家父，近來還粗安，他這次要我帶了封信來，……希望義山，能擺脫一切，早日去興元府，給他幫忙，……他年歲大了，……有些文案，希望義山去代爲處理。（說著身邊取出一封信交給商，商接信後閱讀。）

母：可是商隱，還一直不肯死心，希望能考取了進士，……才去興元府。……子直，……我聽別人說，您跟那位主考官高鍇高大人，情誼甚篤，便中，……不妨代商隱美言幾句……

商：娘，……這些事，……就不用你操心了！……

綯：義山，……你若果眞有此意，……我……代爲行卷推荐，也很方便的。

商：不，……子直，……千萬別這樣，……我希望一切順其自然。

綯：義山，……去興元府的事，你考慮得怎麼樣？……

商：謝謝令尊的美意，……我想，……還是等過了明年「春試」，……再說吧！

綯：義山，你最近可有上玉陽山去？……

商：怎麼？子直，你想去玉陽山學道？

綯：你別誤會，我只是聽你說過，玉陽山上風景悠美，道觀衆多，尤其是「聖女祠」、「華陽觀」，遠近聞名，際此天氣晴朗，想邀你作嚮導，陪我登高一遊，如何？

商：那些「道觀」，有什麼好遊覽的。

綯：義山，眞人面前不說假話，難道那位宋華陽女道士，你也不想再見了嗎？

商：子直，……別再提她了，……她早已變了心，……把我忘了。……

絢：是嗎？……

商：世間，「眞情」太少了，……可遇而不可求啊！（感嘆不已）

絢：這麼說，……我好不容易，抽空來邀你同遊玉陽山的事，是落空了！

商：子直，改天吧，……我眞羨慕你，……做了官，還到處遊山玩水，確是有福之人。

絢：伯母，……我得告辭了，改天，再來拜望。……

母：子直，你難得遠道而來，……吃了飯，再走。……我要商隱、陪你小飲一番，如何？

絢：伯母，今兒不打擾了，……有空，我還會再來的！……

商：子直，我送你。

（商送絢出門，向之揮手，不久，馬車啓程，馬蹄，呤噹聲漸遠去）

（母察看禮物）

母：慶宇，商隱，來，……我們把這些東西，搬進屋去。

（三人一起動手，搬運那些日用禮品）

（這時，劉從政道士，在外叩門）

劉：（門外）請問，李義山，……在家嗎？……

（慶宇去開門，迎劉進入，劉未着道士法衣）

宇：大哥，……玉陽山的劉從政師父來看你了。（母上前招呼）

母：劉師父，……快進屋裡坐，小弟，倒茶。
宇：是（倒茶送上）劉師父，請用茶。
商：（出迎）師父，……快大半年，沒見到您了，您還是老樣子，一點沒變。
劉：（就坐，喝茶）義山，這些日子，我一直念著你，……正巧路過，順道來看看你。
母：劉師父，現在，還在玉陽山修道嗎？
劉：我已經離開玉陽山了，到處走動走動。……義山……
母：劉師父，你們談吧，……我失陪了。……（拉慶宇走）慶宇，你也來，……別站在那兒，聽人說話。
（慶宇不想走，勉強隨之下）
劉：最近，……皇宮裡，大辦喪事，正到處找人，你知不知道？
商：甘露之變，聽說殺了六、七百人，……當然要大辦喪事啦！……師父，你說到處找人，是什麼意思？……難道那些神策軍亂抓人，殺的還不夠嗎？……
劉：宦官脅制皇上，濫殺忠良，是一回事，……皇宮找人辦喪事，是另一回事。
商：師父，……你越說我越糊塗了，……這不是同一回事嗎？
劉：我說的是另外一件事，前兩天，皇上最心愛的原配：王德妃死了。……
商：王德妃，也被仇士良派人殺死了？……

劉：不是的，……我聽說，是被另一位寵妃楊賢妃給氣死的。……

商：噢，……那眞是兩回事！

劉：這位被氣死的王德妃，還是東宮皇太子的生身之母，……皇上爲了表示哀悼，決定在皇宮裡建醮、大做法事，……可能也同時，爲那些被殺的大臣，唸經超度，……一時之間，找不到這麼多的道士進宮去，……所以才到處找人，……是找道士進宮去唸經！……

商：師父，我覺得天下最不公平的事，……就是一個皇帝，除了王后以外，身邊還要包圍一些妃嬪，婕妤，才人……好幾十個女人，做他的老婆，爲了爭風吃醋，……自然會勾心鬥角了。……

劉：聽說，皇宮中有不少怨女，十四、五歲就被選進了宮，一耽幾十年，到頭髮白了，還沒和皇上說過幾句話，一生的青春，……就葬送在皇宮裡！

商：這眞是可憐，……也是很荒唐的事。……

劉：咱們修道之士，……還是少說男女之事。……義山，……記得在山上學道的時候，有一次閒聊，你說，很想去皇宮見識見識，究竟是什麼模樣？……眼前，不就機會來了嗎？

（說話間，慶宇自內出，悄悄在旁聽著）

商：有什麼機會？

劉：皇宮大內做法事，需要道士，你……學過道，又會唸經，穿上道袍，跟我一起進宮，那些禁衛，會不讓你進去嗎？……

商：嗯，這倒眞是個好機會，……只是會不會給師父您添麻煩？

劉：義山，這你不用多慮！皇宮大內，爲了這次建醮作法之事，場面很大，道士希望能請到越多越好。……道門之事，你很清楚，戴上道冠，穿上道袍，和我一起進去，誰也不會認出來，……你是喬裝改扮的！……

商：師父，……聽您這麼說，我也心動了，……皇宮，此生還從未進去過，這可眞是千載難逢的好機會！……只是……我怕……會不會耽誤了我讀書的時間！……

母：（自內走出）義山，……我在擔心，……那位神策軍的軍爺，……把那張撕碎了的字紙，帶走了，會不會，過了一、二天，又來找你的麻煩！……不妨隨劉師父進宮去避一避，也好。……

商：（想了一想）娘，……你說得也對，……

宇：大哥，我也跟你一起進宮去，好不好？

商：怎麼？小弟，你也想跟去？

宇：劉師父，你看我可不可以打扮成小道士，跟我大哥一起進宮去，我幫你們做法事不會，打雜、跑腿，搬東西，都可以呀，……我會很小心，不會給你們惹麻煩的！

商：師父，……他個子長得也不矮，可以帶他一起去嗎？

劉：（打量了一下宇）……好吧，我給你去找一件小號的道袍，帶你進宮，幫忙搬運法器什麼的箱櫃，你搬得動嗎？……

宇：我力氣很大，搬得動的！

劉：好，一起去，……不過，到了宮裡，可別隨便亂闖禁地呀！

宇：謝謝師父，……娘，我跟大哥一起去，……你不會不答應吧？……

母：娘……答應你去，……不過，到了宮裡，什麼，都得聽劉師父的！

宇：謝謝娘！……我去告訴二哥，三哥去！

（宇太高興了，奔出大門，去時，不小心絆倒了，跌了一大跤）

商：小心！

（劉母哈哈大笑）

（幕徐徐下。）

第二幕

時：距第一幕十天後

景：皇宮內盧輕鳳寢宮

人：盧輕鳳、盧飛鸞、彩玉、來喜、楊賢妃、殷公公、李商隱、李慶宇、劉從政

幕啓時：

盧輕鳳獨自一人在場，鼓著錦瑟、古典哀怨的曲調。香爐飄出裊裊上升的沉香，一曲將盡，彩玉自外進入，向之報告。

彩：娘娘，別鼓瑟了，……鸞娘娘來了。……（輕鳳停止鼓瑟，起立相迎，飛鸞自外進入。）

鳳：哦，姊姊……我等你很久了，你怎麼現在才來。

鸞：鳳妹，……你不是說最近老是失眠，睡不著覺嗎？……我特地要御醫給你煉製了一些「安神丸」，……他說臨睡前，服用六顆，……吃完這一瓶，大概就不會再失眠了。（說著，自懷中拿出一瓶藥丸，交給輕鳳）

鳳：（接過藥瓶，看了一下，）謝謝姊姊。……（交彩玉）彩玉，……放我床邊的櫃子去。

鸞：鳳妹，……你有沒有聽到什麼傳言？……是關於王德妃突然去世的原因。（彩玉進入內屋寢室）

鳳：我聽侍女彩玉說，……王德妃娘娘，並不是自己病死的，……是有人暗中下毒手，給毒死的！……

……

鸞：嗯，……我也聽到這樣的傳言。……（彩玉放好藥後，自內出）彩玉，……你去門口守著，……若是有人進來，先來通報一聲。

彩：是，鸞娘娘！（走出）

鸞：鳳妹，……你知道，……是誰下的毒手嗎？

鳳：我不知道。

鸞：我聽說是楊賢妃……身邊的殷公公，……命小黃門幹的，……眞正的背後主使者，——就是楊賢妃。……

鳳：是楊娘娘下的毒手？她爲什麼要這麼做呢？

鸞：還不是想爭得皇上的寵愛，……爲了拔去這根眼中釘，……她蓄意已久，……只是沒有合適的機會吧了！……

鳳：皇上，……他知道嗎？……

鸞：皇上，當然不能讓他知道，……這件事，……大家也只是在背後傳說，誰也找不出證據和把柄，……這就是那位殷公公厲害的地方。……

鳳：啊，……好可怕。……

鸞：鳳妹，……我告訴你，那位楊賢妃，……是十足的「笑面虎」，……你別以爲她常來找你，和你處得很好，……實際上，不知她心裡在打什麼歪主意，……她自己沒有生育，……你和皇上，生了個皇子宗儉，……說不定，王賢妃死了以後，……她下一個目標，……就是你，……你得特別小心提防啊！……

鳳：是嗎？……姊，……（害怕）……

鸞：鳳妹，……我是你的親姊姊，……雖說，我倆同是宮嬪的身份，……但是，在皇上面前，……我是絕不會和你爭風吃醋的，……

鳳：姊，你不說，我也心裡明白！

鸞：可是，楊賢妃，她就不同了，……她是一個口蜜腹劍的蛇蠍美人，……嘴裡說得很甜，……心裡比蛇還毒！……她恨不得，皇上身邊，就只有她一個女人！……

（正說著，彩玉自外奔入）

彩：娘娘，……殷公公引着楊娘娘來了。

鸞：嘿，……說到曹操，……曹操就到了。

（殷先入，楊後上）

殷：啓稟鳳娘娘，……楊娘娘……來看你了。

（鳳、鸞，迎上）

鳳：輕鳳，恭迎楊娘娘。

鸞：飛鸞，（接著）恭迎楊娘娘。

鳳：彩玉，……給楊娘娘奉茶。

（楊入坐，彩玉奉茶，殷公公在後站立）

楊：輕鳳，……我是特地來……請你去我寢宮，一起持螯賞菊，吟詩喝酒。……飛鸞，你也來了，……就一起去吧，……我特地準備了上好的桂花酒，……是你們最喜歡喝的。……

鳳：楊姐，……您盛情邀請，……自當應命，……祇是，……一會兒，道士要來這兒唸經作法驅鬼，走不開吔！

楊：怎麼？你請了道士，……到你寢宮來唸經趕鬼？……你……遇見了鬼嗎？

鳳：我因爲夜晚失眠，老是睡不著，……自從王娘娘去世以後，……過了三更時分，老是聽見一些窸窣的腳步聲，在屋子裡走來走去，……昨晚還聽到一陣如泣如訴的簫聲，……

楊：（緊張的）是嗎？……還有簫聲？

鳳：王娘娘生前，……最喜歡吹簫，……我猜想一定是她陰魂不散，……好在，這幾天，宮裡來了不少道士，在建醮做法事，……所以，我就請了來喜，……去醮場，請道士，……來我這兒，唸唸經，貼幾張符咒，……免得那些鬼魂，留連忘返，讓我寢食難安。……

楊：輕鳳，那些道士，……眞有能力，把鬼趕走嗎？……

鳳：這是他們的專長，……要不然，……皇上也用不著請他們來建醮做法事了！……

楊：嗯，……你說的也對。

（小黃門來喜率領劉道士穿法衣自外先上）

小：啓稟鳳娘娘，……作法事的劉道長已經請來了。……

鳳：有請劉道長。……

劉：無量天尊，貧道劉從政叩請諸位娘娘金安。

鳳：免禮，……請坐。劉道長，我來介紹，這位是賢妃楊娘娘，這是嬪妃鸞娘娘。

（李商隱及李慶宇均穿法衣抬了一木箱進入，打開木箱，將趕鬼之香燭、香爐、桌圍、法器，一一佈置起來，並點上香燭等物，擺好瓜果供品）

楊：劉道長，……我的寢宮，也需要你來唸經趕鬼，你有空嗎？……

劉：貧道遵命便是。

鸞：劉道長，……我也要。……

劉：貧道按序遵辦，……（問商）你……都準備就緒了嗎？……

商：都準備妥當了。

劉：那我……開始了。（打開經本，唸起經來）「蓬瀛朝爽，參禮諸天，玉清初日，鏡光圓曉，氣藹祥煙，秘典心宣，入道冀成仙。太上無極三寶大天尊。……」唸畢，搖鈴，舞劍，把符紙穿在劍上，就燭火點燃，再喝一口水，向空中噴出）

楊：輕鳳，……你忙吧，我告辭了！……飛鸞，……來，你陪我喝酒去。

鸞：鳳妹，……我走了。

（楊、鸞、殷公公先後離去）

劉：鳳娘娘，……你睡眠的臥床，……可以，容貧道進去繞床作法嗎？

鳳：是，……在這邊，……由我來帶你們進去。

（鳳引劉、商隱二人進入右邊臥房內去）

（場上僅有彩玉、及慶宇二人）

宇：姑娘，你家主子娘娘，是不是浙東人？

彩：是呀，你怎麼知道？

宇：我和我大哥，小時候，在浙東住過，……剛才我聽她的口音，……就覺得好熟悉。

彩：那個跟劉道長一起來的道長，是你的親哥哥？……你們貴姓？

宇：嗯，……他是我的大哥，姓李，木子李，……名字叫商隱，他號叫義山，我是他最小的三弟，叫慶宇。……你家主子娘娘，姓什麼？叫什麼名字？

彩：她姓盧，……叫輕鳳，……是皇上的宮嬪，……我們都叫她鳳娘娘。……

宇：姑娘，……那你叫什麼名字，……我怎麼稱呼你呢？

彩：我姓沈，叫彩玉，……是這兒的宮女，……你叫我彩玉就成了。……

宇：彩玉，……好好聽的名字，……（看了一下四周）啊，……這隻古琴，……是你們娘娘彈的嗎？

彩：（噗嗤笑起來）這不叫「琴」，是「錦瑟」，……鼓瑟，很好聽的唷，本來是五十根弦的，……後來，黃帝改成廿五根弦，……現在，還有十九根弦的，也有廿三根弦的！……

宇：嗄，……你懂得眞不少吔！……

彩：這也是鳳娘娘告訴我的！

（正談說間，劉道士，與商隱及輕鳳，自內臥室走出）

劉：鳳娘娘，……眞對不起，……前面醮場，還有不少事，等著我去處理，……我先走一步，……其餘的經文，李道長會給你唸的，……放心，……要是過了今晚，……還有什麼情況發生，……我會繼續來爲你作法。……

鳳：謝謝大法師。……

劉：義山，……等下再上香的時候，你爲她唸一篇疏文、咒語，……就可以大功告成了，……好，……我先走了。……（告辭離去）

商：師父好走，……我會弄妥的。……慶宇，……上香。

宇：是，……（爲商隱點上香、爲空碗添上清水）

商：（行禮後，拿劍在手，唸起疏文來）大唐文宗開成元年十月初五、浙東女弟子盧輕鳳以邇來寢宮夜半時聞怪異簫聲，特請貧道前來，上請玄天上帝、紫微帝君、二十八宿、土地使者、過往神祇，降駕臨壇，消災降禪，……急急如律令。（唸畢，搖鈴、舞劍、噴水，）請……娘娘磕賴，上香，……（又忙更正）先上香，……再磕頭。……

（鳳依言上香、磕頭）

商：（收劍入鞘，收拾桌上法器等物，）啓稟娘娘，法事經已完畢，……貧道告辭了。

（慶宇繼續收拾桌上物件，一一裝入木箱中）

鳳：法師，……慢，……請等一等再收拾。

商：娘娘，還有什麼吩咐嗎？

鳳：我想請法師畫兩張趕鬼的符咒，讓我貼在房門上，這樣，到了晚間，鬼才不敢上門，……不是別的法師，都是這樣做的嗎？

商：畫趕鬼的符咒！……（輕聲地說）啊，……我別的符咒，……學過，……這趕鬼的符咒，……可把我難住了！……這怎麼辦呢？……

鳳：是否忘了筆墨，我這兒有。……彩玉，把文房四寶拿來！（彩玉入內去拿筆墨）

商：（靈機一動）啊，娘娘……我忘了帶符紙了，……慶宇，你快給我去前面醮場跑一趟，找劉師父說，娘娘，還需要兩張趕鬼的符咒，請他即刻寫一下，……好馬上拿來給我張貼。

宇：是，大哥，……我這就去。（即奔下）

（彩玉自內屋取筆墨紙等文房四寶出）

鳳：道長，……從你剛才唸經做法事的種種看來，好像並非眞的在道觀學道的法師，……連符紙都忘了帶來，……（正色）你……給我說實話，究竟是什麼身份，混進宮來假扮道士？……

商：我……（支吾）在玉陽山學過道，……怎麼說我是假扮的呢？……

鳳：你不說實話，……我可要叫人……把你抓起來治罪嘍！

商：娘娘既已識破，……那我也只好直說了。……在下實乃一介寒士，只是進京準備應進士試，……因過去曾在玉陽山學過一陣子道，蒙學道的劉師父帶進宮來，也只是想增長一些見識，絕無半點不良之企圖，……望請娘娘息怒，恕罪。

鳳：噢，原來是個學過道的讀書人，……，好，……既然如此，……我也不爲難你，……只是，……你能把你寫的詩，……寫一首給我看看嗎？

商：娘娘，……既然有所存疑，……不才，……現在，……就寫一首，……恭請娘娘指正。

（商即就筆墨紙，當場坐下，提筆寫了一首，寫畢呈上）

鳳：（接紙，唸出所寫詩句）「嫩籜香苞初出林，於陵論價重如金，皇都陸海應無數，忍剪凌雲一片心」。……公子，這首詩的含意是否可以請你略加說明！……

商：這是我看到有人把嫩的竹笋挖出來，做菜來吃，所引起的感慨，……若是讓那些竹笋，能自然的長大成了竹林，不是更好些嗎？……

鳳：（會悟）唔，我明白了，……你是影射一些人才，……還未成長，就被人扼殺了，是嗎？……

商：娘娘，眞是聰明絕頂，……一下，……就看透了我的心事！……

鳳：敢問公子，……今年貴庚？……

商：小生生於憲宗元和八年，歲在癸巳，是屬蛇的，今年虛歲是二十四歲。

鳳：（頗有興趣的追問）你是幾月出生的？

商：三月初五日。

鳳：啊，我是九月出生的，……我也屬蛇，眞想不到，我們竟是同年出生。……家裡有幾個兄弟姊妹？

商：我上有三個姊姊，一個夭折，兩個俱已出嫁，下有三個弟弟一個妹妹，剛才去拿符咒的，是我的三弟，他叫慶宇，我叫義山，又名商隱。……

鳳：我沒有兄弟，只有一個姊姊，我叫輕鳳，她叫飛鸞，……比我大一歲，十年前，和我一起住在浙東，因爲被官府選中，進貢送進了京城，……從此，就再也沒有走出過皇宮！……

商：娘娘在浙東長大，……難怪，你的口音，我聽起來，格外感到親切，因爲，小時候，我也在浙東住過很多日子。……

鳳：是嗎？……我們，……眞有一見如故之感。……我也很喜歡寫詩，只是寫得不好！……你能寫出「忍剪凌雲一片心」的句子來，……眞使我敬佩不已。……

商：在下十六歲的時候，寫過「才論」和「聖論」的文章，當時，……曾獲得一些王公大人的讚賞，……可是如今，匆匆過了八年，……依然一無成就。……

鳳：難怪你要拿竹笋來借題發揮了。……公子，你還年輕，……別洩氣，……我相信你是個人材，總會有出頭的一天的。

商：多謝娘娘金口。……小生若能有娘娘這樣的福氣，那就好了。……

鳳：你是不是很羨慕我在宮中的生活？……不錯，……凡是在宮外生活的人，都會這樣想。……誰又能體會到，我們終年生活在深宮中的人的苦悶和煩惱！（嘆息、哀怨）唉，……眞是不說也罷。

……

商：娘娘，怎麼這麼說呢？……民間的女子，想進皇宮裡來，比登天還難，……而娘娘在宮裡，吃的是山珍海味，穿的是綾羅綢緞，又能蒙受天子的寵愛，這還有什麼苦悶和煩惱呢？

鳳：李公子，……你是個會寫詩的讀書人，難道你沒聽說過，本朝流傳很廣「紅葉題詩」的故事。……

……一個宮女，在一片紅葉上，題下的這首詩：「一入深宮裡，年年不見春，聊題一片葉，寄與有情人」……

商：（體會）我……聽人說過這個故事，……不過，宮女，怎麼能和你娘娘來比呢？

鳳：公子，你是男人，……你不瞭解女人，……在深宮中過日子的宮女，和娘娘，其心情和痛苦，……

……是沒有什麼兩樣的！……

商：娘娘，……我明白你的心思，……唉，……人生本來就是苦多於樂的！

（二人心有靈犀一點通）

（慶宇拿了兩張符咒，自外進入）

宇：娘娘，……劉師父把你要的符寫好了。……他說一張貼在床架子上，一張貼在房門口，……鬼見了，就再也不會來干擾了。……

商：慶宇，……把符咒給我，……我去給娘娘貼上。……

宇：是，大哥。……（將符交給商）

（商搖著鈴，喁喁唸著經文，進入臥室，鳳，隨之入。）

（場上燈黑、暗轉）

（燈再亮時，場上木箱等已抬走，道具桌椅略有變動，顯示已過了一些時日，是夜晚，屋內已點上宮燈，輕鳳獨自在看一首詩，詩寫在一方手帕上）

鳳：（吟詩）「昨夜星辰昨夜風，畫樓西畔桂堂東，身無彩鳳雙飛翼，心有靈犀一點通」，……（放下手帕，為詩陶醉著）身無彩「鳳」（強調此字）雙飛翼，……心有「靈犀」（強調此二字）一點通……嗯，……眞寫得太好了！……

鸞：（悄悄自外進入）鳳妹，……你在房裡幹什麼？……

鳳：（急把手帕藏起來）姊，……沒什麼！

鸞：你手裡藏的是什麼？……拿來，給我看。（將手帕搶去）

鳳：是一塊手帕嗎，有什麼好看的。

鸞：（展開手帕，看見上面有題詩，順口唸了起來）「昨夜星辰昨夜風，畫樓西畔桂堂東，身無彩鳳雙飛翼，心有靈犀一點通」……嗯眞是一首好詩，這字也寫得秀氣飄逸，……鳳妹，……這分明是一首情詩，……是誰寫給你的？……

鳳：姊！（欲語還休）……你讓我怎麼說呢？……

鸞：鳳妹，……是不是你動了凡心，……找到了意中人？……

鳳：我也說不上來，……事情發生得太突然了，……是我做夢也想不到的事！……

鸞：鳳妹，別吞吞吐吐了，……在姊姊面前，你還有什麼需要隱瞞，不能說出來的呢？……我不會隨便……去說給別人聽的！……

鳳：姊，……我給你再看一首他寫的詩。（說著，去抽屜，取出一張紙，上寫有一首詩，交給姊看。）

鸞：（唸詩）：「八歲偷照鏡、長眉已能畫，十歲去踏青，芙蓉作裙衩。十二學彈箏，銀甲不曾卸，十四藏六親，懸知猶未嫁，十五泣春風，背面鞦韆下。」……這不是說我倆小時候的故事，……十四歲離開家鄉，進入宮中以來，……就再也沒有痛快的歡笑過！……鳳妹，他究竟是誰？……你們相識多久了？

鳳：（坦述心事）自從那一天，他來我這兒，趕鬼走了以後，他的影子，就留在我心裡，怎麼趕也趕不走了！……

鸞：噢，……我知道了，……就是那個年紀輕輕，像個書生一樣的道士，對不對？……難怪你說，他趕的鬼，……沒趕走，……三天兩頭的……要他再來給你唸經作法。……這兩首詩，……都是他寫的？……

鳳：嗯！……姊，……再過幾天，七七四十九天的建醮法事一結束，……他就再也不可能到宮裡來了，……也許，……我和他，再也無法見面了。……

鸞：鳳妹，……你要明白你自己的身份，……你是一個宮嬪，和一般的民間女子不一樣，除了皇上，……你心裡是不容許，有第二個男人存在的，……你知道嗎？……

鳳：我知道自己的地位和處境，不允許，……我和他在一起，……可是，……我明明心裡知道，……不能和他在一起，……但是，……我做不到，……我好苦啊！……

鸞：鳳妹，……你知道就好，……做完了法事，……你就把他忘了吧！……不要跟自己過不去，自尋煩惱了。一個道士，犯不著你這樣爲他六神無主的，……

鳳：姊，他……他並不是眞的道士，……他是個未考上進士的讀書人，……憑他的才學，智慧，假以時日，我相信他會考上進士，出人頭地的！

鸞：（苦苦相勸）鳳妹，別胡思亂想了，……忘了他吧！……

鳳：我……是想忘了，……可是，忘不了……眞的，忘不了。……

鸞：唉！……就算他考取了，做了進士，……又能怎樣呢？……他出人頭地，難道他會做「皇上」嗎？……那是不可能的事！……宮裡面，嬪妃不只有你一個，……大家都互相在監視著，……稍有不愼，……

……就會有一些風言風語，流傳出去，……若是傳到了皇上的耳朵裡去，……他一發起火來，……那就麻煩大了，……到那時候，……姊姊縱想護著你，怕也救不了你，……你明白嗎？

鳳：姊，……你說的這些，我都懂，……可是，……我心裡就是放不下，老是在唸叨著他……爲了他，我飯也吃不下，覺也睡不好！……

鸞：鳳妹，你年紀也不算小了，……聽姊姊的勸，沒錯，……千萬別糊塗的走錯了一步，……俗話說：「一失足成千古恨」，……到時候，再後悔也沒用了。……啊，時間也不早了，……我去睡了，……你也早點睡吧！……明兒見。……

鳳：明兒見。

（鸞走了，鳳看著手帕，想思重重，獨自拿起錦瑟來鼓奏著）

（稍頃，彩玉自外進入，悄悄走向鳳）

彩：啓稟娘娘，……（神秘地）李公子，……他來了。

鳳：（停止鼓瑟）彩玉，……他眞的來了？

彩：嗯。……（引李商隱進入，李改穿內侍服裝）

鳳：你在外面守著，若有人經過，……就給我咳嗽一聲。……

彩：是，娘娘，（退下）

商：沒有想到，……你的瑟，還鼓得這麼好。……

鳳：沒有你的詩寫得好，……早知道，我該改叫「彩鳳」，……才對。……

彩：娘娘，……彩鳳，……就是我心目中的「輕鳳」，……娘娘，……從今晚起，我能叫你的芳名，「輕鳳」嗎？……

鳳：好呀，……我也不再叫你義山，……我叫你商隱，……希望你眞是一個隱士，在宮裡……誰也看不見你，……除了我。……

商：輕鳳，……建醮的法事，馬上就快結束，……今晚也許是我最後一次來見你，……以後，我這一生，恐怕，再也不能和你見面了！

鳳：商隱，別說這樣感傷的話，……只要你願意，我想，……我們還是可以想法子暗中聯絡，時常見面的！

商：是嗎？……皇宮禁衛森嚴，我插翅也難飛入禁地啊！

鳳：對了，……剛才，小黃門來喜領你來的時候，有沒有被人發現？

商：我是從小閣、斜門，穿過迴廊走來的，加上穿了內侍的衣服，……怎麼會被人發現，……我記得，你的寢宮前，有幾棵桂花樹，只要聞著桂花的香味走，……大概就不會走錯。

鳳：你呀，……眞聰明。

商：不，你比我更聰明。……在我這一生，還沒遇見過，比你更聰明的女子，你看，你不但會養蠶、織絹、裁衣，還會焙藥、搗藥、擦玉、磨犀……更難得的，是會作詩、唱曲、鼓瑟、舞蹈，……

天下，能會這麼多才藝的女子，……也沒幾個吧？

鳳：（樂不可支）你眞會說話……這些本事，是我十三、四歲進宮以後，近十年的磨練，慢慢一樣一樣學會的，也沒什麼稀奇。

商：你這樣說，我可不這樣想，……若是十個才女加起來，也抵不上你一個。

鳳：你呀，……把我說得「太」好了。……

商：輕鳳，我……說的全是出自肺腑的眞「心」話！……

（二人相依偎在一起）

鳳：對了，……商隱，……在曲江，皇上有個「離宮」，你有沒有聽說過？

商：皇上有個「離宮」，在曲江那兒？我不清楚吔！

鳳：距離長安東南十里遠，皇上的「離宮」，也就是皇上的「別館」，每當春天來的時候，……皇上，會帶我們這些妃嬪，去那兒小住，……那兒最近經過了一番整修，風景眞是美極了，煙水明媚，南有「芙蓉園」，西臨「慈恩寺」、「杏園」，一到春天，百花齊放，萬紫千紅，人在那裡，就像進了圖畫一樣。……

商：你這一說，我想起來了，每年皇上擺筵席，宴請那些新科狀元，和新貴人的地方，就在那兒，對不對？

鳳：對，……「離宮」那邊的門禁，不像皇宮這樣森嚴周密，負責巡查的羽林禁衛，人數也有限，……

……到了「離宮」，……我們就可以經常會面，不會有人知道的！
商：輕鳳，……眞太好了，……什麼時候，你們才搬到「離宮」去住呢？
鳳：我方才不是說了嗎，……要到春天，……現在是暮秋，……至少還要過三個月。
商：三個月，……（用手指來計算）一個月卅天，三個月要九十天，啊，……好漫長的日子，……我眞恨不得，明後天，你們就搬到「離宮」去住。
鳳：瞧你，……急成這個樣子！
商：輕鳳，有人說：「一日不見，如隔三秋」，如今，我們要分開九十天，……那要隔多少個秋？……過去，在我的生活中，除了讀書，抄書，……日子過的好慢，……也無絲毫的樂趣可言，……如今，……認識你以後，……心靈上有了寄託，覺得活得好愉快，……但是，……偏偏就不能常在一起。……
鳳：商隱，……過去，我在養蠶的時候，時常在想，我跟那養的蠶一樣，生下來，就是被人用桑葉飼養長大，……到了有一天，吐絲結成了繭，把自己困在裡面，……這樣活著，究竟有什麼意思呢？
商：輕鳳，……別太感懷身世了，蠶也會有破繭而出的一天，蠶後代的生命，還等待靠她去延續完成呢！……
鳳：商隱，我們的交往，也會有這樣的一天嗎？
商：會有這麼一天的！輕鳳，……你看，今夜的月色多美，……月宮裡的嫦娥，也在羨慕我們呢！……

……

（二人正陶醉依偎著，忽聞外面彩玉的咳嗽聲）

鳳：（驚覺）啊，不好了，……有人來了，……

商：有人來了，……那怎麼辦？……

鳳：你……快進我臥室去躲一躲，……千萬別出來。……

（商匆匆入內）

彩：（自外進入）娘娘，……殷公公陪著楊娘娘來看你了。……

殷：（先入，向鳳行禮）鳳娘娘，……楊娘娘，……來看你了。……

（楊在後入）

鳳：輕鳳，恭迎楊娘娘，……

楊：免禮。

鳳：彩玉，……給楊娘娘奉茶。……

彩：是。（去倒茶，楊已入坐）

鳳：楊娘娘，……深夜駕臨，……有什麼重要的吩咐嗎？……

楊：（若無其事，但遊目四顧）輕鳳，……也沒什麼事，……我啊，……是皇上不在身邊，……深夜輾轉不能成眠，……是來找你聊天，解悶的。

鳳：噢！……（鬆了一口氣）……

楊：輕鳳，……我有不少的心事，……想和你談，……今晚，我就睡在你這兒，抵足而眠，談個痛快，可以嗎？……

鳳：（緊張）娘娘，……我……睡覺會打鼾，……恐怕，……不太好吧？……

楊：沒有關係，……我，……也會打鼾！……殷公公，……你進去看看，……先把枕頭被褥，給我舖好。……

鳳：娘娘，……由我去舖好了，……不用麻煩殷公公了。……（阻殷入內）

殷：不，……這是奴才份內的事。……（仍欲入內）

楊：（向殷使以眼色，目的在搜查）讓殷公公去做吧，……這是他該做的！

（殷進入臥室，鳳緊張萬分，情急智生）

鳳：啓稟娘娘，……

楊：輕鳳，……你想說什麼？

鳳：我這臥室，雖說已經道士作法唸經，可是，……半夜裡，依然陰風陣陣，有時候，還可聽到女鬼的嚶泣聲，……我怕嚇著娘娘，……還是請娘娘回自己寢宮去安息，比較放心。……

楊：（拖延）哦！……是女鬼呢？還是男鬼啊？……

鳳：娘娘，……你不怕鬼？……

殷：（自內室出）娘娘，被褥舖好了，……可以進去安息了。……
楊：（言外有意）你……你……沒有發現……什麼「不乾淨」的……東西吧？……
殷：被褥、枕頭，……床單、蚊帳……都……很乾淨啊！……
楊：（考慮有頃）……你說得也對，……我還是回自己寢宮去睡，比較好，……你安息吧，……我回去了！……殷公公，……帶路。
殷：是，……娘娘。
（殷先出，楊隨後出）
（鳳抹去額頭上的冷汗）
鳳：啊，……好險！
（商隱衣冠不整，自內屋出走）
商：幸好，……我躲在衣櫃裡，……差一點，……
彩：李公子，……若被發現，就沒命了。
（二人驚嚇中，幕急落下）

第三幕

時：開成二年春至夏

景：李商隱長安居處

人：李商隱、李母、李慶宇、韓畏之、令狐綯、李執方、來喜

幕啓時：

京城附近的民房，大門通外面在左上方，右方有門通內室，室內佈置有書卷氣。古色古香的窗櫺，窗外有樹木花香。屋內傢俱陳設，較第一幕有氣派，太師椅、茶几，有書桌、燭台，及放線裝書的書架。李母一人在場上抹拭書架。慶宇穿著整潔的，自外進來。

母：慶宇……

宇：娘。

母：慶宇，自從你大哥，今年春天，考取了進士，我們家搬到京城來以後，你和你大哥，經常一起進城去玩，……究竟城裡，有那些好玩的地方，讓你們哥兒倆，留連忘返，……玩到很晚，才想到回家。

宇：娘，……城裡有一條曲江，風景好，可以划船、賞花，……還有不少的亭台樓閣，比起我們鄉下，……眞是好玩多了，……再說，大哥最近又認識了不少新的朋友，……在一起彈琴，……鼓瑟，吟

詩，飲酒，……猜謎，藏鉤，可有趣哪！

母：慶宇，……自從咱們搬來長安以來，一些過去很少來往，住在京城的親戚，都因你大哥，考取了進士，紛紛找媒婆上門來，給你大哥提親。……

宇：嘿，……大哥沒考上的時候，……理也不理我們，……這些人，眞勢利。

母：我想你大哥已經廿五歲，該娶親了，可是，我每一次正經地和他提起這件事的時候，……他忙推說：「不急不急，……等我考取了『博學鴻詞科』再說，」……爲什麼還要等呢？……該不會是他在京城裡，已經有了中意的女人啦？……

宇：娘，你不知道，……朝廷上吏部的規定，考取了進士，……不能作數，一定還得通過「博學鴻詞科」的考試，才能派出去擔任官職，……若是通不過這一關，……還是沒法派任官職的！……

母：啊，……原來是這樣！……

（這時，李商隱，換了一件亮麗的衣服，春風滿面的自外進入。……）

商：娘！（請安）

母：商隱，……你到那兒去了？……這時候，才回來。……

商：娘，……我是去李執方將軍府上，……和他下了一盤棋，所以，回來晚了。……（這時商與宇低語一番，慶宇悄悄外出下）

母：是你……新認識的金吾將軍？曾到我們家來過的那一位？

商：是啊！……娘，……他是涇原節度使王茂元家的親戚，……就住在城裡招國坊，朱雀街東的第三街，……房子好大，……大廳、書房、迴廊、廂房，陌生人走進去，……不小心，眞會迷路呢！……

母：嗄！……你和李將軍……很談得來嗎？……

商：他雖是一個將軍，……但是一點官架子都沒有，平易近人，……和我雖是初交，……但我們談得很投機，……他還說，改天，……他要介紹王茂元節度使，……和我見面認識呢？……

母：喔，……那個有錢又有勢的王節度使，……如今可是朝廷上的大紅人呀！

（正談說間，韓畏之自外進入）

韓：伯母，……您好。義山，……你正巧在家，沒出去啊？……

母：韓公子，……你們聊，……我有事，失陪了，……（入內下）

商：畏之兄，……瞧你喜氣洋洋的，……今兒，……來找我有什麼事嗎？

韓：義山，……我今兒是專誠來給你送喜帖的，……下個月初十，……是我的大喜之日，（說着自懷中掏出一張紅帖送上）……你我是同科進士，可一定要大駕光臨，喝我這杯喜酒呵！

商：（又驚又喜）什麼？……你怎麼不吭不響的，……說娶親就娶親，可眞把我嚇了一大跳！……新娘子是誰家的千金啊！……能和你匹配良緣，可眞是好福氣啊！

韓：是涇原節度使王茂元家的大千金，……

商：是王茂元節度使的大千金，名門閨秀，……畏之兄，王公是當今掌兵權的豪門，家財萬貫，他願把他的大千金終身，託付於你，你可眞艷福不淺啊！

韓：義山，……說正經的，……你我是好兄弟，情同手足一般，我這位岳丈共生有七位千金，除了老大，還有六位待字閨中，喜宴之日，我可以爲你一一介紹相識，若有你中意的，……我來爲你撮合，……若是成功了，將來，我們，不就成了連襟了嗎？

商：畏之兄，你別說笑了，王公有財有勢，如今更是朝廷上李黨中的紅人，我只是一個寒士，那有資格去高攀，……你的好意，我心領了。……

韓：對了，……義山，……我好幾次來找你，你都出去了，……那一天，我聽李執方將軍說，……你和他家人，曾同遊了一次曲江，……你知道李執方將軍和王茂元是什麼關係嗎？

商：我只聽他提起，說是親戚。什麼關係，我就不清楚了。

韓：讓我來告訴你吧，……王茂元的夫人，……是李將軍的姊姊，……也是我未來夫人的舅舅！……

商：噢，這麼說，……你成婚之後，和李將軍也有密切的親戚關係囉！……

韓：是呀，義山，……你的恩師令狐楚，現在興元府，任山南西道的節度使，他是牛黨中的台柱，你遲早要到興元幕府去當差，而我當了王茂元的女婿，卻變成了李黨中人，……今後，咱們要像過去一樣的歡聚在一起，……可就不太容易了。……

商：（感喟的說）……唉，一個朝廷好好的，何必分成兩派，互相勾心鬥角，這樣終非國家之福，若是大家能一條心，……不分牛黨、李黨，團結一致，共同為天下蒼生著想，那該要多好呢？

韓：義山，……你的想法，……我完全同意，……怎奈，如今一般追逐名利之士，……卻不是這樣的想法！……

商：朋黨之爭，……這樣發展下去，……大唐天下，唉，……眞是不敢想像！……

韓：不說了，義山，我還有不少別的地方要去送帖子，……我告辭了。……

商：恕我不遠送，……喜宴之日，……我一定到。……

（商送韓至門口，韓離去）

商：（自門口折回，看著喜帖，不勝羨慕之情）畏之眞好福氣，……竟然，……這麼快，……就請我喝喜酒了，……而我，……什麼時候，……才可以請他喝喜酒呢！

（此時，……慶宇自外進入，手裡拿著一封信。）

宇：大哥，……這是（輕聲）「離宮」裡鳳娘娘，請小黃門來喜給你帶來的書信，說，要你看後，馬上就把它撕了。

商：（緊張的撕信來看，由輕鳳O、S幕後唸出）商隱，……原定明晚相約會晤之事，茲因皇上在「離宮」宴請群臣，所有的妃嬪，均需陪皇上去飲酒、觀舞、猜拳、作樂，故原訂之約會，只能取消，……希望鑒諒，輕鳳手啓。……

宇：大哥，……明天，……你不能去了？……

商：（失望，難過）……唉！……相見時難……別亦難！……

宇：送信來的來喜，還特別關照說，……要大哥千萬別去冒險，……說是已經有人向上面告發，……楊賢妃，今兒白天，還特地把鳳娘娘找了去，……說要她注意自我檢點言行，……萬一出了亂子，……宮裡的規矩，是男的「斬首」，女的「絞死」，休想還能活命！……

商：可是，過了明晚……鳳娘娘，……他們又要離開曲江「離宮」，回到京城宮裡去了，……也許，從此，和她再也見不到面了。……（把信片片撕碎）

宇：大哥，……見一面都這麼危險，……你還是把鳳娘娘給忘了吧！……

（這時，母自內出，悄悄躲在一邊，偷聽兄弟二人的談話。）

商：我……日夜……都在思念著她！……怎麼能說忘就忘呢？……

宇：大哥……那……你究竟有什麼打算？……

商：小弟，……你不知道，……鳳娘娘，……她……

宇：她……怎麼樣？……她……是眞的……喜歡你嗎？……

商：她……已經把什麼都給了我了，……難道對我還不算是眞心的嗎？……她願意拋棄所有的榮華富貴，和我廝守在一起，過一輩子粗茶淡飯的苦日子！……

宇：大哥，……你要明白，……她不是一個普通的女人，……她是宮中的嬪妃，……是皇上的女人，……你搶了皇上的女人，……你還要不要活命？……

商：小弟，……我們來想法子，……要彩玉、來喜他們幫忙，……幫鳳娘娘逃出宮來，……不讓皇上給抓到，……不就成了嗎？……

宇：大哥，……別打這樣的如意算盤了，……深宮內院，你去一趟，都不容易，讓鳳娘娘逃出宮來，……那……比海底撈針，還要難！……你眞是吃了熊心豹子膽！……

商：小弟，……你別洩我的氣！……今晚，……我就冒險去闖一闖！（欲走）

宇：（急將之拉住）大哥，……你瘋了？……你絕不能拿性命去開玩笑。……

商：小弟，放手，……別拉著我，……你讓我去！……

母：（衝出，擋住商隱去路）商隱，……你不怕死，……連你「娘」，也不顧啦？

商：娘！（怔住）我和小弟說的話。……您……都聽見了？

母：娘做夢也沒有想到，……你……竟然會愛上了一個宮裡的嬪妃，……你還想幫她逃出宮去，……你讀了這些年的書，……連個前程安危，都不顧了嗎？

商：娘，……這不是三言兩語能說得清的，……不錯，……她是一個皇宮裡的嬪妃，……可是，她進宮十年，芳華虛度，……毫無生活的幸福可言，……爲什麼我不能搭救她飛出樊籠，……過自由自在的新生活呢？……

母：你還敢振振有詞，……和娘來「頂嘴」？……（怒極摑其一耳光）你是昏了頭，在做白日夢！……你和皇上的女人，糾纏在一起，……不但你會惹上殺身之禍的，還連累全家問罪……你知不知道？……虧你還自認是個「孝子」，……你要是爲了個絕對高攀不上的女人，殺了頭，又連累一家人，……你對得起死去的爹嗎？……

商：（內心痛苦、愧疚，撫面頰，雙膝跪下）……娘，……我錯了！……

（舞台燈黑，暗轉）

（燈再亮時，娘已換了夏天的服裝，坐在堂屋裡憩息，手握芭蕉扇在搧著，顯示春天已過，如今是夏末秋天了）

（慶宇點著燈在埋首讀書，也用扇子，在趕蚊子）

（稍頃，屋外有馬蹄聲傳來，在門口停下馬聲）

母：慶宇，……去門口看看，是什麼貴客來了。

（慶宇走出，開門，迎李將軍入，李穿緊身武官服裝）

宇：娘，……李將軍來了。……

（母忙出迎）

母：李執方將軍，今兒難得貴客臨門，……請進。……

李：伯母，……您好。……令郎義山，……他在家嗎？

母：李將軍，眞不巧，商隱他，和朋友喝酒去了，……不過，……也許過一會兒也快回來了，……慶宇，快給李將軍倒茶。……

宇：是，娘。（忙去倒茶送上）

李：伯母，……令郎不在，也好，……我今天來，……是專程來爲令郎說媒提親的，……這件事，……我想伯母，是有權可以作主的。……

母：李將軍，……但不知，……是那家的千金閨秀？

李：伯母，……在下提的是涇原節度使王茂元家的二千金，今年春天，我和令郎同遊曲江的時候，正巧與王茂元他們全家在橋上相遇，事後，……令郎和王二小姐，也曾交談過，彼此，好像都有很好的印象。

母：呀，……對了，……商隱，好像也曾和我提起過，……不過，……王家有財有勢，……我家平民身份，……那敢高攀呀！

李：伯母，……男女婚姻，講究的是緣份，……王公雖貴爲節度使，……他有七個千金，五個少爺，……若個個都要門當戶對，才能締結成姻親，……這不太難找了嗎？……說實在的，王公是我的姊夫，……他曾坦誠的對我說，……選女婿，不在乎對方有無錢財，主要是著重在是否是個人材！……

母：李將軍，……商隱，雖說已考取了進士，……可是這一次參加「博學鴻詞科」的考試，……初試是錄取了，誰知道複試時，卻又遭無辜的被抹去了名字，……唉，他……在王公眼裡，還能算得上，是個「人材」嗎？

李：伯母，……如今的考試，……都受了一些人事上的關說，實在算不上「公正」。令郎的才氣和詩文，……王公和在下，都是衷心讚賞，……來日必然爲「棟樑」之材，……是可斷言的。……要不，……我也不會冒昧的，來親自向你提這門親事。……

母：李將軍既然這麼看重商隱，……我也就不再多說，……等他回來，我會要他考慮後，親自給你答覆，……就這麼說定了，……可以嗎？……

李：只要伯母同意，……我想義山，……應該也會同意的，……那……我告辭了，對了，王茂公的長女婿韓公子，……不僅是和義山同科進士，同時也是相交多年的好友，……若是這門親事結成了，他們就成了「連襟」，……今後就更可以常在一起飲酒吟詩了！……

母：啊，……還有韓公子這層關係，……看來，……商隱，一定會同意這門親事的！……

李：伯母，……你留步，……我盼望，這件好事，……能早一點聽到佳音。……

母：李將軍，……好走。（送李出門，不久，門外響起一陣馬蹄聲，疾馳而去）

宇：娘，……你是該給大哥定親了！……大哥若眞做了王茂元家的乘龍快婿，……你還愁他，……不能做官嗎？

母：嗯，……你說得不錯，……眞成了家，……你大哥，……也才會對那位宮裡的鳳娘娘，死了這條心。……最近這一年來，……他有沒有再偷偷去曲江，和那位鳳娘娘會面了呢？……

宇：我不知道，……

母：眞不知道嗎？……

宇：他現在，……去那兒，都不和我說，……就怕我，不小心，會洩漏了他的秘密。

母：嗯，……看樣子，……他和那鳳娘娘，……還是藕斷絲連！……暗中有來往！……唉，……他怎麼會痴迷成這個樣子，……怎麼勸，都勸不醒他！……嗯，……看來，……這件婚事，……我非促成他不可，……而且，……越快辦妥，越好讓我安心！……

宇：娘，……大哥，若是娶了媳婦，……那我跟誰去睡！……我們家又這麼小，你總不會讓我去睡柴房吧！……

母：慶宇，……對了，……你二哥、三哥，還有四妹他們人呢？……怎麼，一個也不在家！……都到那兒去了？

宇：娘，您忘了，今兒上午，前莊周大爺家莊管家，請他們去周家莊幫忙舂米去了……恐怕，……要很晚才能回來喔！……

母：噢，……方才……，我一高興，把什麼都忘了。（茫然）

宇：娘，我想還是等大哥做了官以後……再爲他成親吧！……眼前，咱們家這麼破舊，……人家是有錢人家的千金小姐，……她會樂意的來住這破房子嗎？……也許，住不了一天，……她就哭著逃回娘家去了！……

母：（考慮有頃）嗯，……你說得也對，……她是富貴人家大小姐，……怎麼會願意做咱們窮人家的媳婦，來吃苦受罪呢？唉，這門親事……我眞拿不定主意了，……（左右爲難地）究竟該同意呢？……

……還是不同意呢？……

（此時，馬車叮噹聲在門外響起停在門口）

母：慶宇，快去門口看看，……也許是令狐家的二公子來了。

（慶宇至門口，商隱面孔通紅，步履蹣跚、醉熏熏的走入，令狐綯隨後上場）

綯：小弟，……你大哥，今天酒喝多了，醉了，你扶他進房休息去吧！

商：誰說我醉了！……（打酒嗝）我心裡清醒得很！……（走路跌跌撞撞）

母：（迎上前去）子直，……怎麼，……商隱，你眞喝醉了！……

商：娘，……我沒醉，……只是今兒心情不太好。……稍爲多喝了幾杯？……

母：子直，……我不陪你了……你們聊吧！……（退下）

綯：小弟，……時間也不早了，……你還是扶你大哥進屋去，……早點休息，……我也得回去了。……

……（欲走，但被商隱拉住）

商：子直，……你不能走，……今天，……我是喝了不少酒，……我心裡有不少的話，要和你說，……

……俗話說：「酒後吐眞言」，……難道，你不想聽我說幾句眞心話！

綯：好……我不走！……義山，……你要和我……說的是什麼呢？……（坐下）

商：子直，……打從我十六歲寫文章，被令尊賞識任用，我倆一直玩在一起，讀書寫字也在一起，……

……這七八年來，……你一直是我最知心的好朋友，……你說……我究竟是一個怎麼樣的人？……是個喜歡玩弄權術的政客？還是個追逐名利的市儈。……

綯：義山……你怎麼說這些，……誰也沒說，……你是這樣的人啊！……

商：我平生並不想做官，……更不想做什麼大官，……我討厭官場上的黨派之分，……爲什麼要把一個好好的朝廷硬分成兩派，……不是牛黨，就是李黨，難道，……像我這樣不想捲入黨派漩渦的人，……就沒有第三條路可走嗎？……

綯：義山，……眼前的風氣如此，……不是我們個人的力量，……所能扭轉挽回的！

商：（嘆氣）嗨，……我眞是「生不逢辰」，……生在這個不幸的朝代。……

綯：義山，……我知道，……爲了進士考試，博學鴻詞的科試，……你受了不少的委屈，……不過，……家父始終非常讚賞你的才能，……所以，一再寫信來要你去興元幕府任職！……這總不是假的吧！……

商：子直，令尊的恩情，……我終生不會忘，……你看我是個會忘恩負義的無恥之徒嗎？……別人，不瞭解我，總不成，你也對我，一點信心也沒有？……（宇自內屋出）

綯：義山，……我始終對你，有信心。……也對你的才學，……表示欽佩，……時間眞的不早了，……我得回去了，……改天，……我們再聊！……（向宇）小弟，我走了，……再見。（出門而去，宇送之下）

（馬車鈴鐺聲響遠去）

（李母自內走出，宇關好大門返回）

母：商隱，……子直，他走啦？……

商：嗯。……

母：慶宇……你去睡吧！……

宇：是。（入內屋下）

母：商隱，……你……酒醒了沒有？

商：娘，……我根本沒有醉呀！……

母：那好，……娘要告訴你一件事。……剛才，你還沒回來的時候，……你認識的那位李執方將軍來過了，……他是專誠來……爲你做媒提親來的！

商：娘，……我心裡，……早有了人，……用不著……他來做媒。

母：他是一片好意，商隱，……你知道他爲你做媒的對象是誰嗎？……他說你也曾見過的！

商：是誰？……（略顯緊張）……

母：是逕原節度使王茂元家的二小姐，……大小姐嫁給了韓畏之，……不是你還去吃過喜酒了嗎？……這件婚事，若是成了，……你和畏之就成了連襟啦！

商：娘，……人家是權貴富豪之家，……而我們家這樣寒酸，……這怎麼能相配呢？……

母：我也這樣說了，……可是李將軍說了，……王茂元是他的姊夫，……他不計較，男方有沒有錢財，……只要他……是個人才，……尤其是你……他對你的才學，……十分的讚賞，……看準你……將來會是個棟樑之材。……

商：娘，……這門親事，……我不會同意的……你……還是回絕了吧！……謝謝他們的美意，……我實在不想接受。……

母：商隱，……你考慮……也不考慮了嗎？……

商：娘，……孩兒心中，……早已有所屬，……再也容不下別的女人了！……

母：商隱，……你……還是忘不了……那個鳳娘娘？……

商：（酒意又起）娘，……孩兒不孝，……沒聽你的忠言，……希望妳能原諒。輕鳳，獻身給我的時候，我曾發下重誓，此生非她莫娶，……就是爲她丟了性命，……也在所不惜！……娘，……（向母跪下，哭著）你就可憐孩兒，……成全孩兒這份眞情！……別讓孩兒成了負心的人！……

母：（深受感動……半響）……商隱……你先起來！……

商：（仍跪著）娘，……你答應了，……孩兒才起來。……

母：（嘆息）唉！……商隱，……這麼好的一門親事，別人求之不得……你卻不肯答應，一心一意，要往走不通的死胡同去鑽，……娘，……怎麼忍心，……看你這樣做呢？……你這樣跪著，……不肯起來，……娘的心裡……像比用刀子在割著還疼，你知道嗎？……

商：娘……

母：商隱，……你今年廿六歲了，……已經考取了進士……怎麼會爲了一個女人，連性命都不顧了，……你……要爲娘的，怎麼說你才好呢！……

商：（起立）好，……娘……我不勉強娘，……一定要答應我的請求，……但是，……我也求娘，別勉強我，……答應這門親事。……輕鳳給了我一片眞情，我……絕不能辜負了她，……做一個沒心肝的人啊！……

母：商隱，……李將軍是你的好友，……他也完全是看重你，……才熱心好意來上門提親，……你這樣拒人於千里之外，……怎麼說得過去呢？……

商：娘，……我這些天，心理已經夠煩夠苦的了，……求求娘……別再逼我了，好嗎？……

母：（無奈）好，……娘不逼你，……你自己一個人，靜靜的想一想吧！……娘去睡了！……（嘆息）唉，……你心煩，……心苦……娘的心，……比你更煩……更苦呀！（向自己房內下）

（商獨自在場上沈思著）

商：（接近桌子，看亮著的蠟燭，不免感觸萬千）唉，……可憐的蠟燭，……你比我更可憐，……你的眼淚，……什麼時候，才能流乾呢！……（吟詩句）……春蠶到死絲方盡，臘炬成灰淚始乾。

（門外傳來敲門聲）

商：好像有人在敲門？……（走向大門去，問門外的人）門外是誰？（門外，敲門聲繼續）

喜：（門外）李公子在家嗎？……

商：（未開門）你是誰？……

喜：（門外）李公子，……我是來喜啊！……

商：（開門，見來喜著平民裝，大喜）來喜，……是鳳娘娘……要你來的？

喜：（進入屋內自懷中取出一封信交商）公子，……是鳳娘娘，……要我交給你的……娘娘，……希望你有空，……去看她，……她又回「離宮」來了……

商：（急忙看信）好，……我……會去的，來喜，……謝謝你。

喜：我走了，……公子，……再見。（下）

（商去關門，……母披睡袍自內出）

母：商隱，……剛才，……是誰來了？……

商：（掩飾）沒有人來呀……。

母：我好像聽見有人在和你說話？

商：啊，……是個過路的，……他迷了路，……向我問路的！

母：噢！……

（燈黑）

（幕徐徐下）

第四幕

時：唐文宗開成四年冬，距第三幕已二年

景：曲江離宮盧輕鳳寢宮，與第二幕之佈置略有不同。

人：盧輕鳳、盧飛鸞、彩玉、來喜、李商隱、楊賢妃、殷公公、羽林軍多人。

幕啓時：

是冬天的季節，冷颼颼的感覺。配音效風聲，輕鳳獨自一人，在鼓著錦瑟，幕後女聲哀怨的低聲吟唱著：「相見時難別亦難，東風無力百花殘，春蠶到死絲方盡，臘炬成灰淚始乾……」突然弦斷了……歌聲亦嘎然而止。

彩玉拿了件斗篷，自內走出。

彩：娘娘，……天好像要下雪的樣子，……你把斗篷披上吧，……別著涼了。

鳳：（披上斗篷）奇怪，……弦怎麼突然斷了呢？……會不會李公子……今天不來了……不，……他說來，……一定會來的，……會不會出了什麼意外？……最近，……我的左眼，突然老是跳個不停，……難道是什麼不祥之兆？……（彩玉聞腳步聲，去門外察看，回來說）

彩：娘娘，……鸞娘娘來看你了。……

（飛鸞自外進入）

鸞：鳳妹，……我給你服用的藥丸，……吃了以後，……是否舒服些？……有沒有再噁心，要吐的感覺？

鳳：姊，……好多了！……

鸞：鳳妹，……我方才聽宮裡來的人說，……前一陣子，東宮太子自殺死了的那件事，……又有了新的傳說，……他們，說，太子，……還只有十二歲，……不可能因爲怕父皇要殺他，……才去上吊自殺的。一定是被人害死後，才裝扮做上吊自殺的。

鳳：嗯，……這說得也有道理，……他整天只知道和那些樂官，女倡，混在一起玩，不想讀書是眞的，怎麼會因爲皇上，突然把那些樂官女倡都殺了，……就害怕得自己去上吊自殺呢？……這似乎說不通。……

鸞：大家都在說，……準又是那蛇蠍美人楊賢妃，在背後耍的把戲。……你記不記得？四年前，王德妃也是這樣莫明其妙地氣死的，……王德妃死了以後，她就整天在皇上面前說東宮太子的壞話，……說他只知道玩耍，不肯用功讀書，……將來怎麼能繼承皇位，要皇上，……廢了他太子的名位，……後來是因爲一些老臣的竭力反對，……才沒有成功。

鳳：姊，你是說，……楊賢妃因爲自己沒有生育，……所以，她要想法子，把東宮太子給害死！……好再立那位母事於她的安王溶，繼任太子。……

鸞：對了，……不過，她是個聰明人，……她決不會自己動手，……去做這件事，留下什麼把柄給人逮到！……鳳妹，……你眞得小心提防她一點，……因爲你曾爲皇上，生了個皇子，……如今，……她下一個要剷除的目標，……可能就是你呀！……

鳳：（驚駭地）姊……你別嚇壞了我，……我的兒子，……才不想繼承什麼王位呢？……

鸞：鳳妹，……俗話說，「害人之心不可有，防人之心不可無」，……爲了保護你自身的安全，……逃避楊賢妃的加害，……你還是理智一點，……拔劍斬了情絲，和李公子，早點了斷，別再糾纏交往下去了！……

鳳：姊，……你要我和他……做個了斷？……

鸞：鳳妹，……你若再這樣痴迷下去，……遲早，會出亂子的！……你別以爲楊賢妃在宮裡，整天和皇上在一起，而你在離宮的事，……她就一點也不知道？……你錯了，……離宮這兒，她都佈了不少眼線，……你的一舉一動，……她都清清楚楚，……李義山，……那一天來和你相會，……自然會有人向她報告，……一旦事機成熟，……她來個活捉，……你就死路一條了！……

鳳：姊，……你說得太可怕了……我又沒和她爭風吃醋，……楊賢妃她自己背着皇上也有情人，她不可能來離宮害我的！……

鸞：鳳妹，……姊是一片好心，……才和你這樣說。……當今朝廷上，明分爲牛、李二黨，……這你清楚嗎？

鳳：以牛僧孺一派爲首的叫「牛黨」，以李德裕一派爲首的叫「李黨」，這些，我還不知道嗎？

鸞：過去李公子，……在令狐楚的興元幕府做巡官，是「牛黨」中的人，最近，令狐楚死了，他卻又投入王茂元的幕府，去做起校書郎來，……變成「李黨」中的人，……像他那樣朝秦暮楚，變來變去的人，……絕非是一衷情至義之士，……你對他是眞心誠意，……他對你，卻是虛情假意，……我勸你，睜大眼睛看清楚……還是趁早把他忘了的好。

鳳：姊，……義山，對我絕非虛情假意，……他有他的理想和抱負，……他跟我說過，……他不願被捲入朋黨之爭的漩渦中，……他是超然的……只是爲朝廷做事。

鸞：鳳妹，方才我聽到一個對你很不利的消息，……你想不想知道？

鳳：對我很不利的消息？……姊，……你快說呀！……

鸞：有人說，……李義山，好像已經做了王茂元節度使的東床快婿，和王家的二小姐，成親了。……

鳳：（強烈配音）他……已經成親了？（傷心哭了起來）

鸞：大家說，要不然，他才不會這麼容易的，通過了吏部「博學鴻詞科」的考試，被派出去做一名九品官呢！

鳳：他和我說過，這一次完全是憑他自己的本事，通過考試才去做官的！……難道是他故意在騙我嗎？……

……不，……我不相信。……

鸞：鳳妹……你是在離宮，……外面什麼消息都不知道，……所以，被矇在鼓裡。……聽姊的話，……把眼淚擦了，……別再和他交往了。……

鳳：姊，……我……不能和他斷！……斷不了！……
鸞：爲什麼斷不了呢？……
鳳：彩玉……你到外面去看看，……李公子……他來了沒有？……來的話，……先來通報一聲。
彩：是，娘娘，……（退下）
鳳：（支開彩玉後才說）姊，……我和你實說了吧！……我已經懷了他的孩子！
（音樂又強烈的升起）
鸞：什麼？……你懷了他的孩子？……眞是他的骨肉？……
鳳：皇上，已經很久沒……臨幸我了，……除了他，……還會有誰呢？……
鸞：（想起）難怪，你說，這一陣子，老是噁心，想吐，……又老想吃酸的東西！……害我還專誠替你帶胃藥來！……
鳳：姊，……你說，……我該怎麼辦？……
鸞：現在幾個月了？
鳳：兩個月……還不到。……
鸞：（察看其肚子）現在，還看不出來，……但是，……遲早會看出來的，……這……怎麼辦呢？……
……
鳳：姊，……我想回皇宮去，……想法子主動去親近皇上，……

鸞：不，……那樣，……更糟！……（想了一下）眼前，……只有一條路可走。……吃……打胎的藥，……
……讓它人不知鬼不覺的流掉，……

鳳：姊，……這是我的骨肉，……我不想這樣做！……

鸞：輕鳳，……你可不能一錯再錯了！……爲了保住你自己的性命，……你就非這樣做不可！……否
則，……誰也救不了你。……

鳳：眞只有這一條路可走嗎？

彩：（自外進入）娘娘，李公子，他來了。……

鸞：輕鳳，……你暫時，先去房裡避一避，……讓我來和李公子談，……看他有什麼辦法，……來收
拾這樣的殘局！……彩玉，……你陪娘娘進去，……

彩：娘娘，……我們進去吧！

（鳳無奈的，和彩玉進入後房，不久，李商隱，仍換穿內侍服，進入）

商：大姐，……您好，……輕鳳呢？

鸞：輕鳳，……她病了，……剛才，……在這兒吐了一地，……現在在房裡休息，……我去請了御醫，……
……一會兒就來了。……

商：是不受了風寒？……還是吃了不乾淨的食物。……

鸞：李公子，……（停住）彩玉，……你去門外守著，若有人進來，先咳嗽一聲。……

彩：是，……鸞娘娘。（退下）

鸞：李公子，……我聽說你已經通過了「博學鴻詞科」的考試，派到了官職，做了九品官，我得先向你道喜啊！……

商：大姐，……只不過是個小小的校書郎而已。……

鸞：這比你過去，在令狐楚與元幕府，做巡官總強多了，……對了，……我還聽說王茂元節度使，非常賞識你的才華，……你幫他寫了不少的章奏，他很高興，已經把他的二小姐，許配給你，你做了他的東床快婿，……是眞的嗎？

商：大姐，……王茂元節度使，很賞識我，是眞的，……他也眞有意將二女兒許配於我，……請了好幾個人與我正式提親，……但是，……因爲我心中已有了輕鳳，所以，我一直拖延著，沒有正式答應。……

鸞：聽你這麼說，……你對我妹妹的感情，完全是眞心的囉！……那你打算什麼時候？……正式娶我的妹妹過門呢？……

商：我……是有這樣的打算，……只是我眼前的處境，……還有困難！……

鸞：李公子，……有一件事，……我必須要告訴你，……你和我妹妹，相識已經有四年了，……我也相信你，……不是個負心的人，……但是，你們這樣沒有婚姻關係的私下交往，……性命都隨時會有危險。你知道嗎？……現在，……我告訴你一個很重要的消息，……我妹妹，……她已經懷了你的骨肉，……你說，……你究竟有什麼打算？……還準備繼續拖下去嗎？……

商：（如雷轟頂）什麼？……輕鳳，她……已經有「喜」了？……

鸞：這些日子，皇上已經有很長一段日子，未來到她宮裡臨幸了，……一旦，發覺她有了喜，……不但她自己性命難保，……恐怕，你也逃不了宮中律法的制裁！……

商：（著急萬分）這……怎麼辦呢？……

鸞：輕鳳，她也不知道該怎麼辨？……禍是你闖的，……你總不能不認賬吧？……

商：我……絕對認賬，……我願負起我的責任！……

鸞：李公子，……你能負什麼責任？……你敢親自去跟皇上說，孩子是你的，……要殺就殺你，讓輕鳳不要死，……孩子也不要死！……你眞要敢這樣去說，……皇上也不會就聽你的，……讓輕鳳還活在這個世界上。……

商：大姐，……依你說，……你有什麼好辦法沒有？

鸞：我是想了個辦法，……可是，輕鳳，她不肯這樣做！

商：什麼辦法？

鸞：我要輕鳳，吃打胎的藥，……讓孩子流產！……可是，她不同意。

商：不，……大姐，……我也不同意！……我不希望，……這個骨肉，還沒有來到這世界，……就結束了生命！

鸞：哼，……你還眞和輕鳳，一個鼻孔出氣。……那我問你，……你要這孩子生下來，是不是？……

你不怕連累到，……你和輕鳳，都會有性命的危險！

商：爲了愛輕鳳，……愛我們的孩子，……我願意和輕鳳，要生，就生在一起，死，……也死在一塊兒！……我甘心。

鸞：（感動）……你……爲了輕鳳，……眞的一點兒也不怕死？……

商：（堅定的點頭）嗯！

（輕鳳自臥室激動地衝出）

鳳：商隱，……你這樣說，……太使我感動了，……眞情可以感動天地，……我希望老天爺可憐我們，……讓我們能找到活路。……可以活下去。

商：（沉思）對，……我們……好好的來想一想，……能不能找到一條活路？……

鸞：我不相信，……除了我的辦法，……還有更好的活路？

商：（來回躑躅了一陣）啊，……我突然想到了一個好辦法。……

鳳：商隱，什麼好辦法？……快說呀！

商：我過去在玉陽山學道的時候，認識一些道士，我去拜託他們，先找妥一家收留女道士的道觀。……你再去請求皇上，准你出家修道，到道觀去做女道士，這樣，你不就可以安全出宮了嗎？……

等出了宮，……我們再想法子，另找房子，……把孩子平安的生下來，……

鳳：啊，……商隱，還是你聰明，能想出，這樣好的辦法，……只是，皇上，……會准我去出家修道嗎？……

鸞：鳳妹，……你早就是被打入冷宮的嬪妃，……我想，只要你有決心，……皇上也許會批准你去出家修道的！……可以試一試。

商：輕鳳，……爲了我們的未來，……我們要小心保密，……絕不能洩露半點風聲。

鸞：嗯，……李公子，爲了安全爲了不洩密，……以後，離宮，你最好少來，避免節外生枝。……

商：大姐說得很對，輕鳳，……以後，……我們不能再常見面了。……

鳳：商隱，可是，……我會日夜想著你，念著你！……

商：（想起，自身邊拿出一個玉盤）輕鳳，……我帶了一個玉盤來送給你，剛才一打岔，差一點忘了，……你看，這上面刻了我的名字，……還刻了一首我寫的詩。……（將玉盤交給輕鳳）

鳳：（看玉盤，唸上面的詩）「雲母屛風燭影深，長河漸落曉星沉，嫦娥應悔偷靈藥，碧海青天夜夜心」……商隱，……你怎麼會想起寫這樣的詩句：「嫦娥應悔偷靈藥，碧海青天夜夜心……」……

商：你忘了，前兩天我們二人在曲江邊賞月的情景，……我指著天上說，天上有一個月亮，水面也有一個月亮，……兩相對映，多美。……你淘氣的故意丟一個石子，到水裡去，……結果水裡的月亮，就打碎了。……爲了表示我倆心中的月亮，永遠不碎，……所以，我特別送這個玉盤給你，鳳：……你看，它圓圓的，不跟天上的明月一樣嗎？……
鳳：商隱……你眞是一個十足的詩人，……做什麼事，……都充滿了詩意，……我會珍藏這份禮物，……看見它，……就等於看見了你。……（說著把玉盤放在梳桌上。）
（彩玉自外匆匆進入，小黃門來喜隨後上）
彩：娘娘，……不好了，……來喜說，……有重要的事，向你稟報。……
喜：啓稟鳳娘娘、鸞娘娘，……我看見楊賢妃娘娘，……突然帶了一大批羽林軍從皇宮趕到離宮來，說是要搜查謀殺東宮太子的元兇，……好像是沖著鳳娘娘來的，……特提早來報信，……希望娘娘，……能有所準備。……我走了。（說完即行禮離去，下）
鳳：什麼？……楊賢妃……從宮中帶了羽林軍來抓我？……
鸞：鳳妹，……我要你小心提防，沒說錯吧！……李公子，……你快走吧，……讓羽林軍逮住，……你就見不到明天的太陽了。
鳳：彩玉，快護送李公子出去，……走邊門，……
彩：娘娘，……我知道。
商：輕鳳（依依不捨）你……小心，……應付。……
鸞：鳳妹，……別難捨難分的，……讓李公子，快逃命要緊！……走吧！
（二人這才黯然分別，彩玉帶商隱自邊門逃逸，下）

鸞：鳳妹，……你快去房裡清理一下，……把李公子寫給你的那些信，還有那些「無題」的情詩，都點火燒了吧！……遲了讓搜出來，……可就麻煩大了。

鳳：是，姊，……我這就去清理。（入內屋下）

鸞：（把桌子上的玉盤藏起來，放入一桌子抽屜內）

（不多一會兒，楊賢妃，由殷公公陪同，率領了一批羽林軍，自外進入，羽林軍四人，站在門外。）

殷：（人未上場前，先在門外大聲吆喝著）各位軍士注意，寢宮前後左右，嚴密看守，沒有楊娘娘的命令，任何人都不准放行，……聽清楚了沒有？

（衆軍士齊聲回答：「聽清楚了。」）

（一陣腳步聲，四下散開。殷公公才進入寢宮，）

殷：（大聲）楊賢妃娘娘駕到。……

（輕鳳、飛鸞，上前跪迎）

鳳：楊娘娘，吉祥。……

鸞：楊娘娘，吉祥。

楊：（進入）免禮，……起來。……（殷找座位讓楊坐下）

鳳：楊娘娘，……這麼冷的天，……從宮裡趕到離宮來，……是否有重要的吩咐？

楊：（故作輕鬆）啊呀，……輕鳳，……是皇上的旨意，……要我來的，……說是離宮裡有些妃嬪、婕妤、才人，……因爲得不到皇上的寵愛，私下偷情幽會，有違宮闈視聽，……特命我來清查一下，……輕鳳，飛鸞，……若有冒犯之處，還請勿怪罪於我才好唷！……

鸞：楊娘娘，宮闈門禁森嚴，……那會有這樣的事？……

楊：門禁森嚴是不錯，不過，也有可能被買通了，百密一疏。……（向外發令叫）軍士們，……進來，給我徹底的好好搜一搜！……

（羽林軍四人，進入上場：「是」）

楊：若是發現什麼男人的扇子、手帕、衣帽等用物，……一律呈上來，向我稟報。……

羽林軍：是。（一人吩咐其餘三人，欲進屋時，楊又將之叫住）

楊：慢著，……一定要仔細搜查，……什麼書信、文字，……或是紀念信物，……也不得輕易放過。

……

羽林軍：是。（四人分作四個方向，進入內展開搜查。）

（輕鳳神情緊張、鸞打岔企圖解圍）

鸞：楊娘娘，……這是莫須有的傳言，……皇上怎麼會輕易就相信了呢？

楊：（皮笑肉不笑）自從東宮太子自殺身亡以後，傳言可多著呢？……都說我是背後的元兇，……飛鸞，輕鳳，你們說，可怕不可怕？……幸好皇上信得過我，……要不然，……我早就被打入冷宮，……或是被送上了西天了呢！……

羽林軍：（先後上場）啓稟楊娘娘，……並未搜到可疑之物。……

殷：啓稟娘娘，……外面下雪了。……

楊：好極了，……通知出去，……注意雪地上，有無留下腳印，……依循腳印追蹤，……務必把可疑之人抓住。……

羽甲：是，……娘娘，……我這就去通知大家。（下）

楊：繼續仔細搜查。

羽乙：是。（二人入內屋檢查，「羽乙在台上檢查，……開抽屜……忽發現玉盤，呈給楊）

羽乙：啓稟娘娘，……這兒有一個玉盤，……上面還刻了詩句……

楊：（陰沉的笑）輕鳳，……這是那兒來的？……不會是皇上送給你的吧？

鳳：啓稟娘娘，……這，……是小時候，……家父所送。……

楊：飛鸞，……是嗎？你是姊姊，……你有沒有？……

鸞：（急圓謊）是家父所贈，……我……的那隻，……不小心打破了。……

楊：（看玉盤上的詩句）……「嫦娥應悔偷靈藥，……碧海青天夜夜心」，輕鳳，這詩句，也是令尊寫的嗎？……

鳳：……是……我自己寫的！……

楊：我不相信，是你寫的？……殷公公，天太冷了，……你帶路，送我回宮去吧！……這個玉盤，…

……我會呈上去，……讓皇上……來問個明白！……

殷：是，娘娘。……

（楊先下，殷隨後，羽林軍亦隨之出去，下。）

（舞台靜默一分鐘，人已遠去）

鳳：姊，……（急哭了）怎麼辦？……怎麼辦？

鸞：（擁鳳入懷）鳳妹，別哭！……要來的，……遲早……會來的。

（燈光漸暗下去，暗下去）

（窗外雪花飛著，風聲加強）

（幕徐徐下。）

尾聲

時：同序幕
景：同序幕
人：李商隱、韓畏之、盧輕鳳、盧飛鸞仍是第四幕打扮、彩玉亦同。
幕啓時：
　　仍是序幕時情景，商隱與畏之二人在飲酒對酌。
　　天上仍飄著雪花。遠處有寒鴉在聒叫著。
商：「夕陽無限好，只是近黃昏」……畏之，……來，爲過去乾了這一杯。……
　　（二人乾杯後，停一會兒……）
韓：商隱，……人在年青的時候，動了眞情，難免會做一些糊塗事，……你也不用太過份自責了。……
　　……還是把剛才說的故事，繼續說下去吧，……後來，……後來，……又怎麼樣了呢？
商：（沉默無語）……此情可待成追憶，只是當時已惘然……
　　（商默默垂淚，「錦瑟」主題音樂升起，他自牆上取過錦瑟，順手鼓了幾個音，倏然而止，……）
韓：義山，你怎麼啦？
商：（突然無語）……

韓：義山，後來，又怎麼樣了呢？

商：畏之，……（如被驚醒過來）……我剛才，說到那兒啦？

韓：你說到楊賢妃帶了不少御林軍，匆匆來到離宮，……要進行搜查的時候，……你得到消息……先走了一步，……逃了出來，……這時候，天下起雪來。……

商：我現在還記得很清楚，那一天，颳著北風，下著大雪，幸好老天保佑，讓我從水路，平安的逃出了禁宮，保住了性命，……但是，回到家以後，通宵都沒有闔上眼睛，我擔心輕鳳，她會不會被關了起來，被嚴刑拷打。……

韓：若被關起來，一定會被上刑拷打。……

商：我左思右想了一夜，第二天，我決定想找人設法去營救，又想派人去打聽，可是誰能爲我去營救？……誰又能爲我去打聽？……我獨自一個人徘徊在曲江的江邊，急得如同熱鍋上的螞蟻一般，又像個束手無措的幽靈一樣，……眞不知該如何辦才好。……唉！……（頓足撫胸）我頭腦一片空白，竟然一點辦法，也想不出來。……

韓：後來呢？

商：三天以後，我收到輕鳳派人送來的一封信，……還有，就是這一具錦瑟……（他撫摩著瑟，如同撫摩輕鳳一般）……我會鼓瑟，也是她教我學會的！……這是她留給我唯一的紀念品。……

韓：那封信上，她怎麼說？

商：她……（泣不成聲）

韓：她被抓了起來，才寫的？

商：不！還沒有被抓，她就寫了！……

韓：然後呢？

商：然後……

韓：她被皇上……賜死了？……

商：（鄭重否認）不……她爲了怕連累到我，……還沒被抓起來，怕受刑逼供，……就先跳井而死了！……

……

韓：什麼？……她是先跳井而死的？……

（音樂升起）

商：她給我的那封信，是跳井以前寫的絕命書，……她說怕被拷問時受刑不過，把我招了出來，……才決定先自盡的。送信來的人說，她死了以後，她姐姐也跟著跳進了景陽井，……隨她一起，同赴黃泉，……從此，我再也見不到她倆姐妹的影子了！……

韓：（沉默半響，受感動而拭去眼淚）商隱，……我記得，你成親的那一天，臉上一點笑容也沒有，……我一再的問你，還有什麼不開心，不滿意的？……你就是閉口不說，……這個啞謎……隔了這麼多年，……你才給我揭開，讓我明白究竟。……

商：畏之，……這是我一生中，……最令我心碎的一件往事，……也是一樁我最不想讓人知道的心底秘密，……沒想到，……今天多喝了幾杯，……就糊裡糊塗的給你說了出來！……唉，……想收，也收不回了。……

韓：義山……放心，……我向你保證，決不會隨便去和人說，……尤其是，……在我內人面前，絕對會為你保守這個秘密。……

商：賤內走了，……希望她地下有知，……也能原諒我當年的苦衷。……

韓：（看天色）呀，起風了，……說不定，一會兒就飄起鵝毛雪來了，……我得告辭回家去了，……你身體不好，……也別喝了，早點去休息吧！

商：畏之，……（仍有醉意的）別走，……酒逢知己千杯少，……你再陪我，好好喝幾杯！（又再斟酒）

韓：義山，改天再喝吧，……我走了，……再見。

（韓起立，商送韓出門離去）

商：醉了也好，一醉解千愁！

（他獨自倒酒來喝，燈光漸暗至全黑）

（台上燈再亮時，可安排一個替身，穿他的服裝，趴在桌子上，睡著了，發出鼾聲）

（夢境的音樂升起，在昏暗的燈光配合下，商隱在趴睡著的人背後站立起來，……顯示他是在做

夢，那個人仍在睡著）

（有敲門的聲音，他走去開門）

商：誰？……誰在敲門？……

鳳：是我！……你還記得我嗎？……義山，……

商：（驚喜地）什麼？……是輕鳳？……

（商開門，輕鳳在乾冰製成的輕霧中出現，依然當年的服裝）

商：（揉了揉眼睛）輕鳳，……眞的是你嗎？……

鳳：義山，……你……把我忘了？……

商：鳳！……（上前，二人相擁抱在一起）……我日夜思念的鳳……你終於來看我了！……

鳳：義山，……你怎麼變得這麼蒼老了……差一點，我都不認得你了。

（二人鬆開）

商：是嗎？……我們分別已廿多年了，……時間過得好快！……鳳，……這些年，……你有沒有思念，想著我？

鳳：義山，……你說，……我會不想你嗎？……你忘了你寫給我的詩句……「嫦娥應悔偷靈藥，碧海青天夜夜心」……

商：（迷惑地）輕鳳……我是不是……在做夢？……怎麼還會和你見面呢？

鳳：義山，……人生本來，……就是一場夢！……記得當年，我們相識的時候，……就像是在做夢。……那時候，你好年青，爲了想擠入士林，不斷用功參加科舉考試，……抱著滿腔的熱情，希望能爲國家盡一份心力，……可是受了朋黨的猜忌傾軋，……在宦海中浮沉了廿多年，你究竟又得到了些什麼呢？……

商：輕鳳，……你說的對，……究竟得到了些什麼呢？……

鳳：義山，……自從你妻子過世以後，……前幾年，……你一個人在川東，孤零零的，……下著雪的冬天，也沒有人來爲你縫一床禦寒的棉被，……長夜孤枕獨眠，……精神苦悶到了極點，你的上司柳仲郢，好意賞你一個歌妓，讓你調劑一下生活，……你卻一口回絕了，這又是爲了什麼呢？……

商：輕鳳，……我怕雪，……每當下雪的時候，……我就想起廿多年前，……我離開你，逃走的情景，……你所給我的這份眞情，……是我這一生，永遠難以忘懷的，……唉，……此情可待成追憶，……只是當時已惘然！……

鳳：義山，……我留給你的錦瑟，你還常玩嗎？

商：我怕鼓瑟，……那，……就會想起你。……輕鳳，……一切俱往矣，……過去，我害怕被捲入朋黨之爭，……害怕，楊賢妃知道了我倆的秘密，……如今，楊賢妃也死了，連皇上，也都已換了好幾個，現在，……你完全自由了，……我們可以不管一切，逍遙自在的生活在一起，……你來

了，……就留下，陪著我，再也別走了，好嗎？（拉鳳入懷）

鳳：（依偎在義山懷裡）義山，……你還是像當年那樣的想著我？離不開我？

商：輕鳳，……誰也不能再把我們分開了。……

（突然，乾冰中帶來了彩玉）

彩：娘娘，……你怎麼耽這麼久，不，不走了呢？……楊娘娘帶著羽林軍追來抓你了。……

鳳：不，……我不走！……我再也不離開義山了……

商：輕鳳，……你絕不能走！……

（彩玉拉鳳，鳳捨不得走，拉扯間，飛鸞來了）

鸞：鳳妹……走吧，……回去吧！……再不回去，又有麻煩了……

鳳：姊……何苦一定要我回去呢！……

鸞：李公子！他也快「來」了，……你們很快……可以天天在一起了。……

（鸞及彩合力將鳳拉走了）

商：（追出門去）輕鳳……輕鳳（O、S）聲漸遠去。

（遠處傳來雞叫聲）

（燈光漸亮，顯示曙光照來，屋內漸大明）

（趴著睡的李商隱醒來，他揉著惺忪的睡眼，喃喃自語）

商：輕鳳……怎麼來了，又走了？……剛才……我只是做了一場夢？……

（幕後響起瑟聲，鼓出「錦瑟」的主題曲）

（幕徐徐下。）

（全劇終）

（八十一年十一月十六日初稿）

（八十二年四月十五日三次修訂）

（八十四年三月九日四次修訂）

（八十四年三月廿三日五次修訂）

（八十四年八月十四日六次修訂）

李劇寫作參考書目及資料

舊唐書：文苑傳——李商隱
新唐書：文藝傳——李商隱
玉谿生詩箋注：清・馮浩注　台灣中華書局
樊南文集詳注：清・馮浩注　台灣中華書局
樊南文集補編：清・錢振倫、錢振常注　台灣中華書局
李義山詩集：朱鶴齡箋註　台灣學生書店
中國文學家故事：姜濤主編　莊嚴出版社
玉溪詩謎正續合編：蘇雪林著　台灣商務印書館
新校資治通鑑注：楊家駱主編　世界書局
李商隱評傳：劉維崇著　黎明文化事業公司
李商隱詩研究論文集：中山大學中文學會主編　天工書局

李商隱詩研究：黃盛雄著　文史哲出版社
李商隱和他的詩：朱偰等著　學生書局
李商隱研究：吳調公著　明文書局
李商隱傳：董明鈞著　國際文化事業有限公司
李商隱詩選：陳永正選注　遠流出版社
晚唐傑出的詩人李商隱：郁賢皓　單篇
中國歷代大詩人：綜合出版社
唐史：章群著　華岡出版有限公司
詩詞曲賞析：張夢機等編著　空中大學教科書
歷代社會風俗事物考：尙秉和著　商務印書館
道壇作法：峨嵋居士　逸群圖書公司
道門子弟早晚誦課：峨嵋居士　逸群圖書公司
晚唐風韻：葛兆光、戴燕著　漢欣文化公司
李商隱艷情詩之謎：白冠雲著　明文書局
鳳尾香羅：高陽著　聯經出版公司
十大太監：祁平等著　世界文物出版社

李商隱：張淑瓊編　地球出版社

李商隱評傳：楊柳等　木鐸出版社

附錄一

姜龍昭舞台劇劇本

復　　活（獨幕劇）三十八年軍中演出。

寶島之蠹（獨幕劇）三十九年軍中演出。

視察員（獨幕劇）三十九年獲中華文藝獎金委員會獎金並演出。

烽火戀歌（歌舞劇）四十一年由總政治部出版。

榕樹下的黃昏（兒童劇）四十一年獲臺灣省教育廳徵兒童劇首獎。

奔向自由（獨幕劇）四十二年獲總政治部軍中文藝獎第三名，並由總政治部出版。

國軍進行曲（五幕劇）四十三年獲總政治部軍中文藝獎多幕劇佳作獎。

父與子（獨幕劇）五十六年獲「伯康戲劇獎」獨幕劇第四名，並由僑聯出版社出版。

孤　星　淚（四幕劇）五十七年獲「伯康戲劇獎」多幕劇首獎，並由僑聯出版社出版，後又改名「多少思念多少淚」由遠大文化出版公司出版。曾由中央電影公司改編爲「長情萬縷」拍成電影。

紅　寶　石（獨幕劇）六十年中國戲劇藝術中心出版。

眼（四幕劇）六十四年獲「李聖質戲劇獎」首獎，並由商務印書館出版。

心　眼（四幕劇）七十七年改名「心眼」列入「姜龍昭劇選第二集」文史哲出版社出版。

吐魯番風雲（五幕劇）六十五年獲臺北市話劇學會」第三屆「藝光獎」，並由商務印書館出版。

金　蘋　果（兒童劇）六十七年獲教育部徵求兒童劇首獎，並由中國戲劇藝術中心出版。

國　　魂（五幕劇）七十年獲教育部徵求舞臺劇首獎，七十一年又獲總政治作戰部頒發「光華獎」，由遠大文化公司出版。

沒有舌頭的女人（四幕劇）七十一年由遠大文化公司出版。

金色的陽光（四幕劇）七十二年獲行政院文建會徵求舞臺劇首獎，七十三年並由文建會出版。

幾番漣漪幾番情（三幕劇）七十二年受文建會邀請與蔣子安、依風露二人聯合編寫，七十三年由文建會出版。

一隻古瓶（四幕劇）七十三年先由「文學思潮」雜誌社出版。七十七年由文史哲出版社出版。

孟母教子（四幕劇）七十三年完成，七十七年二次修正，後由文史哲出版社出版。

母親的淚（五幕劇）七十三年獲教育部徵求舞臺劇本文藝創作獎第三名，並由教育部出版。七十七年文史哲出版社出版。

淚水的沉思（中英文對照）（四幕劇）七十四年完成，七十七年定稿，獲教育部徵求舞臺劇文藝創作獎佳作，並由教育部出版。八十年由文史哲出版社出版單行本。

陶匠與泥土（四幕劇）七十八年完成。

飛機失事以後（中英文對照）（三幕劇）八十年完成。八十一年由文史哲出版社出版單行本。

泣血煙花（中英文對照）（三幕劇）八十一年十二月，由文史哲出版社出版單行本。

李商隱之戀（中英文對照）（四幕劇）八十四年十二月，由文史哲出版社出版單行本。

楊貴妃之謎（五幕劇）九十二年五月，由文史哲出版社出版單行本。

附錄二

姜龍昭著作出版書目

作品名稱	類別	出版處所	字數	出版年月日
(1)烽火戀歌	獨幕劇	總政治部	約二萬	四十一年十二月
(2)奔血自由	獨幕劇	總政治部	約二萬	四十一年十二月
(3)自由中國進步實況	報導文學	中央文物供應社	約廿萬	四十九年十二月
(4)六六五四號啞吧	電視劇選集	平原出版社	約三萬	五十二年二月
(5)電視綺夢	電視劇選集	正中書局	約五萬	五十五年九月
(6)金玉滿堂	電視劇選集	菲律賓劇藝社	約十二萬	五十六年九月
(7)父與子	獨幕劇	僑聯出版社	約二萬	五十六年十二月
(8)碧海青天夜夜心	電視劇選集	商務印書館	約十二萬	五十七年一月

(9)一顆紅寶石	電視劇選集	菲律賓劇藝社	約十萬	五十八年二月
(10)金色陷阱	電視劇選集	東方出版社	約十二萬	五十八年六月
(11)故都風雲	廣播劇	軍中播音總隊	約二萬	五十九年四月
(12)孤星淚	多幕劇	僑聯出版社	約四萬	五十九年四月
(13)情旅	小說	新亞出版社	約六萬	五十九年五月
(14)春雷	小說	新亞出版社	約六萬	五十九年十月
(15)長白山上	圖書故事	新亞出版社	約六萬	六十年三月
(16)紅寶石	獨幕劇	中國戲劇藝中心	約二萬	六十年十二月
(17)長白山上（與人合編）	電視連續劇	正中書局	約五十萬	六十一年十月
(18)海戰英雄	廣播劇	總政治作戰部	約二萬	六十三年十月
(19)吐魯番風雲	多幕劇	商務印書館	約四萬	六十五年六月
(20)眼	多幕劇	商務印書館	約四萬	六十五年十二月
(21)海與貝殼	小說	正中書局	約十八萬	六十五年七月
(22)電視劇編寫與製作	論著	黎明文化事業公司	約十二萬	六十五年七月

㉓金蘋果	兒童歌舞劇	中國戲劇藝中心	約四萬	六十七年三月
㉔電視縱橫談	論著	聯經出版社	約十四萬	六十八年三月
㉕一個女工的故事	電影劇本	遠大出版公司	約八萬	六十八年六月
㉖姜龍昭選集	綜合	黎明文化事業公司	約十八萬	六十八年六月
㉗電視戲劇論集	論著	文豪出版社	約廿萬	六十八年十二月
㉘電視編劇理論與實務（與人合著）	論著	中視週刊社	約廿萬	七十年三月
㉙中華民國電視事業的回顧與前瞻	論著	中國電視公司	約廿二萬	七十年十月
㉚姜龍昭劇選（第一集）	劇本	遠大出版公司	約十八萬	七十一年四月
㉛姜龍昭劇選（第二集）	劇本	文史哲出版社	約廿萬	七十七年十月
㉜姜龍昭劇選（第三集）	廣播劇	文史哲出版社	約十六萬	八十七年三月
㉝姜龍昭劇選（第四集）	廣播劇	文史哲出版社	約八萬	八十八年三月
㉞戲劇編寫概要	論著	五南圖書出版公司	約卅萬	七十二年三月
㉟一隻古瓶	多幕劇	漢欣文化公司	約三萬	七十三年三月
㊱金色的陽光	多幕劇	文化建設委員會	約三萬	七十三年三月

(37)幾番漣漪幾番情（與人合編）	多幕劇	文化建設委員會	約四萬	七十三年三月
(38)英風遺烈	傳記文學	近代中國社	約十二萬	七十三年三月
(39)武昌首義一少年	傳記文學	黎明文化事業公司	約十二萬	七十三年三月
(40)母親的淚	多幕劇	教育部	約四萬	七十四年二月
(41)最後的一面	小說	晨星出版社	約十二萬	七十五年三月
(42)戲劇評劇集	論著	采風出版社	約十二萬	七十五年五月
(43)淚水的沉思	多幕劇	教育部	約四萬	七十七年八月
(44)香妃考證研究（正集）	考證	文史哲出版社	約十四萬	七十七年十月
(45)香妃考證研究（續集）	考證	文史哲出版社	約十八萬	八十一年三月
(46)血洗天安門	廣播劇	中興出版	約二萬	七十九年三月
(47)淚水的沉思（中英文對照）	多幕劇	文史哲出版社	約四萬	八十年十一月
(48)飛機失事以後（中英文對照）	多幕劇	文史哲出版社	約四萬	八十一年七月
(49)泣血煙花（中英文對照）	多幕劇	文史哲出版社	約四萬	八十一年十二月
(50)李商隱之戀（中英文對照）	多幕劇	文史哲出版社	約四萬	八十四年十二月

(51)李商隱	多幕劇	教育部	約四萬	八十二年四月
(52)如何編劇本	論著	新中國出版社	約十二萬	八十三年四月
(53)細說流行語（第一集）	考證	號角出版社	約十萬	八十二年八月
(54)細說流行語（第二集）	考證	號角出版社	約五萬	八十三年五月
(55)細說流行語（第三集）	考證	健行出版社	約十二萬	八十五年一月
(56)細說流行語（第四集）	考證	健行出版社	約十二萬	八十七年一月
(57)細說流行語（第五集）	考證	健行出版社	約十二萬	八十八年十二月
(58)細說流行語（第六集）	考證	健行出版社	約十二萬	八十九年十二月
(59)戲劇評論探討	論著	文史哲出版社	約十四萬	八十七年五月
(60)抓開歷史之謎	考證	文史哲出版社	約十二萬	九十年十二月
(61)楊貴妃考證研究	考證	文史哲出版社	約十五萬	九十一年七月
(62)楊貴妃之謎	多幕劇	文史哲出版社	約九萬	九十二年五月

附錄三　姜龍昭歷年得獎紀錄

(1)四十一年編寫兒童劇「榕樹下的黃昏」獲臺灣省教育廳徵兒童劇首獎。
(2)四十二年編寫獨幕劇「奔向自由」獲總政治部軍中文藝獎徵獨幕劇第三名。
(3)四十三年編寫多幕劇「國軍進行曲」獲總政治部軍中文藝獎徵多幕劇佳作獎。
(4)四十七年編寫廣播劇「葛籐之戀」獲教育部徵廣播劇佳作獎。
(5)五十一年編寫廣播劇「六六五四號」獲新文藝月刊祝壽徵文獎首獎。
(6)五十三年編寫電視劇「青年魂」獲青年反共救國團徵電視劇佳作獎。
(7)五十四年編寫廣播劇「寒澗圖」獲教育部廣播劇佳作獎。
(8)五十六年編寫「碧海青天夜夜心」電視劇獲中國文藝協會頒發「最佳電視編劇文藝獎章」。

(9)五十六年編寫獨幕劇「父與子」獲伯康戲劇獎徵獨幕劇第四名。

(10)五十七年編寫多幕劇「孤星淚」獲伯康戲劇獎徵多幕劇首獎。

(11)五十九年四出版劇本多種，人物刻劃細膩，獲教育部頒發戲劇類「文藝獎章及獎狀」。

(12)六十年製作「春雷」電視連續劇，獲教育部文化局頒巨型「金鐘獎」乙座。

(13)六十年編寫連續劇「迷夢初醒」使「萬福臨門」節目獲教育部文化局頒「金鐘獎」乙座。

(14)六十一製作「長白山上」電視連續劇，獲教育部文他局頒巨型「金鐘獎」乙座。

(15)六十一年與人合作編寫電視連續劇「長白山上」，獲中山文化基金會頒「中山文藝獎」。

(16)六十三年製作電視連續劇「青天白日」獲中國電視公司頒發獎狀。

(17)六十四年編寫宗教話劇「眼」獲「李聖質戲劇獎」首獎。

(18)六十四年編寫電影劇本「勇者的路」獲國軍新文藝金像獎電影劇本徵文佳作獎。

(19)六十五年製作電視節目「法律知識」獲司法行政部頒獎狀。

(20)六十五年編寫多幕劇「吐魯番風雲」獲臺北市話劇學會頒第三屆最佳編劇藝光獎」。

(21)六十五年編寫電影劇本「一襲輕妙萬縷情獲電影事業發展基金會徵電影劇本佳作獎。
(22)六十五年編寫電影劇本「大海戰」獲國軍新文藝金像獎電影劇本徵文「銅像獎」。
(23)六十六年製作電視節目「法律知識」獲行政院新聞局頒巨型「金鐘獎」乙座。
(24)六十七年編寫兒童歌舞劇「金蘋果」獲教育部徵求兒童劇本首獎。
(25)六十八年編寫電影劇本「鐵甲雄獅」獲電影事業發展基金會徵求電影劇本優等獎。
(26)六十九年獲臺灣省文藝作家學會頒發第三屆「中興文藝獎章」電視編劇獎。
(27)七十年編寫舞臺劇「國魂」獲教育部徵求舞臺劇第二名，頒發獎狀及獎牌。
(28)七十年編寫電影故事「鳥棚中的奮鬥」及「吾愛吾師」雙獲電影業發展基金會入選獎。
(29)七十一年製作電視節目「大時代的故事」獲中央黨部頒發「華夏」二等獎章及獎狀。
(30)七十一年獲國軍新文藝輔導委員會頒發「光華獎」獎狀。
(31)七十二年編寫舞臺劇「金色的陽光」獲文建會委員會徵求舞臺劇本第二名及獎牌。
(32)七十二年參加教育部委託中華日報庭休閒活動徵文獲第三名。
(33)七十二年編寫電影故事「老陳與小柱子」獲電影事業發展基金會徵求電影故事入選獎。
(34)七十三年編寫舞臺劇「母親的淚」獲教育部徵舞臺劇第三名，頒發獎狀及獎金。

(35)七十四年編寫廣播劇「江爺爺」獲中華民國編劇學會頒發「魁星獎」。
(36)七十六年因實踐績效評定特優獲革命實踐研究院兼主任蔣經國頒發獎狀。
(37)七十七年編寫舞臺劇「淚水的沈思」獲教育部徵舞臺劇佳作獎，頒發獎牌及獎金。
(38)七十八年編寫廣播劇「地下英雄」獲新聞局舉辦國家建設徵文獎，頒發獎金。
(39)七十八年編寫廣播劇「血洗天安門」獲青溪新文藝學會頒「金環獎」獎座及獎金。
(40)七十八年編寫電影劇本「死囚的新生」獲法務部徵電影劇本獎，頒發獎金。
(41)七十九年編寫電影劇本「綠島小夜曲」再獲法務部徵電影劇本獎，頒發獎金。
(42)八十年製作電視教材「大地有愛」獲中國國民黨考核紀委會頒發獎狀。
(43)八十二年服務廣播、電視界屆滿卅年，獲新聞局頒發獎牌。
(44)八十二年編寫舞臺劇「李商隱」獲教育部徵舞臺劇本獎，頒發狀及獎金。
(45)八十二年編寫廣播劇「李商隱之戀」獲中華民國編劇學會，頒發「魁星獎」。
(46)八十五年配合推行拒菸運動，獲行政院衛生署頒發獎牌。
(47)八十六年推行軍中新文藝，獲國軍新文藝輔委會頒發「特別貢獻」獎座及獎金。
(48)八十六年編寫廣播劇「異鄉」，獲中國廣播公司「日新獎」。

⑷⑼八十八年編寫舞臺劇「打開心門」獲行政院新聞局頒「劇本優勝獎」獎牌及獎金。

⑸⑽八十八年編寫「眞情城市」電視劇大綱，獲超級電視台徵文「優勝獎」頒發獎金。

附錄四

「楊貴妃考證研究」勘誤表

頁	行	誤	正
26	1	行宮「月見」	行宮「見月」
27	1	天旋「日」轉	天旋「地」轉
28	3	太液「莫若」	太液「芙蓉」
	5	「莫若」如面	「芙蓉」如面
32	3	孤「鐙」挑盡	孤「燈」挑盡
33	3	耿耿「星」河	耿耿「銀」河
46	4	兩「相如」	兩「心知」
48	4	無「了」期	無「絕」期
74	10	古「揚曉、揚晞」	古「來從江南到嶺」南一帶
87	10	以彩「與」	以彩「輿」
100	3	已無「車」錄	已無「實」錄
107	4	永王「當」尚幼	永王「等」尚幼
		請「於」諸兄	請「與」諸兄
	10	「柯」能嫁	「何」能嫁
	16	「豐」后服用	「半」后服用
138	12	因病而「世」	因病而「逝」
146	14	靜子、「文郁」	靜子、「意兒」
156	5	她們「就」在	她們「可能無飲無食，在漂流若干天後，才」在
157	10	「雲」裳	「霓」裳
172	1	楊貴「犯」	楊貴「妃」
187		圖片說明王「教」廉、「蔡言林」	王「孝」廉、「葉」言「材」
203	16	結「束」	結「果」
205	10	苗晉「鄉」	苗晉「卿」
	17	苗晉「鄉」	苗晉「卿」
206	7	在「蒼」陽起事	在「范」陽起事
216	9	御史「太」夫	御史「大」夫
222	14	臨「珥」道士	臨「邛」道士
225	12	玻繹	破繹
230	16		「楊貴妃之謎」舞台劇本

國家圖書館出版品預行編目資料

楊貴妃之迷：五幕舞台劇 / 姜龍昭著. -- 初版. --
臺北市: 文史哲, 民 92
面； 公分
ISBN 957-549-504 -7 (平裝)

854.6 92006524

楊貴妃之迷：五幕舞台劇

著者：姜龍昭
出版者：文史哲出版社
http://www.lapen.com.tw
登記證字號：行政院新聞局版臺業字五三三七號
發行人：彭正雄
發行所：文史哲出版社
印刷者：文史哲出版社
臺北市羅斯福路一段七十二巷四號
郵政劃撥帳號：一六一八〇一七五
電話 886-2-23511028・傳真 886-2-23965656

實價新臺幣三〇〇元

中華民國九十二年（2003）六月初版

ISBN 957-549-504 -7